大是文化

做個說話有梗的人

內向的生化博士、全美喜劇節冠軍、央視名主持人
黃西 Joe Wong 著

超過 55 個對話梗，只要照套運用，
電梯簡報、打動異性、求職面談、社交應酬，
讓「說得好」改變你一生

（原版書名：有梗）

CONTENTS

第二章 自信沒人能給，更別自己摧毀……63

第三章 梗，是這樣製造的 111

（原版書名：有梗）

推薦序一

幽默是一種接受自己不完美的態度

溝通表達培訓師／張忘形

會翻開這本書，我想你一定也想成為一個有梗的人吧。老實說，自己教溝通表達好幾年了，每次大家問我要怎麼提升幽默感、怎麼變得有梗，我都只能給一個回應，那就是請「大家認真生活」。

你可能覺得這是個莫名其妙的答案，但我覺得這是最重要的一點，因為認真生活，才能夠感受生活的情緒，進而找到生活中的那些趣事。但看了這本書後，我發現我錯了，我沒有把這句話敘述清楚。

在這本書的一開始，作者提到他寫日記調侃自己，並且樂在其中。也提到自己是如何將內向又自卑的個性，變得充滿幽默感。我後來想了又想，認真生活看似是個解答，但其重點是把生活中遇到的大小挫敗，通通記錄起來，並且透過不斷的思考，找到能夠自嘲的點，讓大家一起參與，也能引人發笑。

我最有感的，是作者在書中講的一句話：「反正我不完美，試試又何妨呢？」這讓我開始思考，是不是大家都不斷的追求完美，以至於很多時候我們看待挫折時，都覺得丟臉，努力的想遺忘，甚至抹滅掉。但當我們如此的認真看待生活時，幽默感可能就在不知不覺中逐漸離我們而去。

就像學武功一樣，態度只是開始，有了心法還要有更多技巧。所以在這本書的中段，作者用許多的故事和案例搭配技巧，讓你不但能夠快速理解，還能夠現學現賣。舉例來說，我們說幽默要有逆向思維，其實這用聽的有點困難，但作者在書中是這樣說的：

我向女孩表白說：「我能做妳的男朋友嗎？」
她說：「我們還是做朋友吧！」
我說：「太好了，我已經成功三分之二了！」

透過這個例子，我們馬上就能理解什麼是逆向思維，還能夠直接拿這個段子（按：篇幅短小的笑話、故事）使用。下次講到類似的梗時，就能說某個朋友追一個女生追了很久，雖然沒有追到，但好歹還是朋友，算是成功三分之二。

除了技巧外，作者在人際溝通這部分也舉了不少例子。例如跟別人聯誼時，該怎麼選話題？與朋友沒話題聊時，可以怎樣講自己的故事，甚至連我覺得最難的兩代溝通，也提供了有趣的答案。

我之所以想跟讀者推薦這本書，最主要的原因在於，作者的人生態度。反覆讀了這本書後，我一直在思考，幽默和有梗到底要怎麼來？後來我發現，幽默感其實是一種接受自己不完美的態度。一個人能夠接受自己不完美時，才能把他的生命經驗攤開來，說出有梗的段子與人分享。

在書的最後作者還提到，無論是悲觀還是樂觀，都可以活得開心。我反而覺得悲觀的人，擁有更多的梗。因為當我們能夠把遇到的不如意，都變成讓別人發笑的有趣梗，除了能讓自己顯得有幽默感外，在現實生活中其實也沒有什麼事情會過不去。

期待你也能從這本書中，找到你生命中的梗，與他人一起笑著分享！

推薦序二

生活隨處都有梗

口語表達專家、企業講師、廣播主持人／王東明

絞盡腦汁還是沒梗時，建議從生活圈開始找起。

我是個企業講師，也是多位企業家的表達教練。我發現客戶、學員在不同場合公開發表時，最擔心的問題前兩名分別是擔心自己講不好，以及不知道要講什麼。

這兩個大家都害怕的問題，解決方式完全不同。有基本口說能力的人，

大都擔心「不知道要講什麼？」也擔心如果講說過的內容，會被貼上老調重彈、了無新意的標籤。且同樣的內容講久了，自己也會沒有感覺，聽的人也難以共鳴，這種熟悉的情景，你我都常在參加親友的婚禮時遇到。所以口語表達能力再強的人，如果說的內容不接地氣，就很難讓聽的人有共鳴與深刻記憶點。

我曾經幫一位中部企業大老闆（按：後面改以陳爸稱呼）操刀撰寫講稿。他將在女兒婚禮中以主婚人的身分，在親友、生意往來的八百位賓客前發表感言。陳爸希望能在婚禮上表達對女兒 Lucy 的「愛」。

陳爸有兩個兒子、一個女兒，在傳統的家庭裡，女兒不受家族重視，再加上從小不適應國內的教育學制，成績不盡理想。陳爸在當時做了一個很大的決定，雖然跟家族想法違逆，但還是狠下心來，在女兒高中時，送她去西雅圖念書。一念就十多年。女兒個性獨立，順利的拿到雙學位，也在西雅圖找到工作，還交了男友，即將回臺結婚，但婚宴結束還是得回西雅圖工作生活。

陳爸當時跟我談這些事情時，帶點遺憾與虧欠的感覺。總覺得自己在女兒成長過程中，最需要人陪伴的時刻裡，狠心的把她送到陌生的環境……講著講著陳爸有點哽咽。一個大型企業的老闆在我面前真情流露。

我問陳爸：「當女兒去西雅圖大學報到時，你有一起去嗎？」

陳爸回：「當然有，我還幫她扛行李、找適合的宿舍、背著大包小包在學區找報到處，隔天小腿、手臂肌腱發炎……。」講著講著又笑了。我可以感受到陳爸對這件事的重視，如果當年沒有這樣的決定，Lucy 在國內傳統的家族環境下，不可能成長為我們現在看到的自信模樣。

我接著又問：「在那次送女兒到西雅圖時，最讓你印象深刻的是？」我試圖從這對父女之間的感情連結再深入發問。

陳爸說：「在西雅圖待了一個星期後，得回國處理工作。要離開的前一晚，我們父女倆在宿舍裡一起吃泡麵，什麼話都沒有說，彼此都在忍，刻意的不觸碰離別的議題。隔天離開宿舍前往機場時，女兒站在宿舍前的街道上送我離開。我跟自己說，往前走，一直往前走，千萬不能回頭，不能讓女兒看到，已經哭到流鼻涕、很難看的自己……。」

婚禮當天我坐在臺下，現場賓客聽陳爸致詞時，一會兒感動的眼眶泛紅，一會兒大笑。而他的女兒就站在他身後，看著爸爸的背影、聽著熟悉聲音，講述著可能都已經忘記的事情……直到現在那眼神我都還記得！

在企業內訓教課時，學員都問我怎麼找梗？尤其是創作能力乾枯時。我都會說從自己的「生活經驗」找起。我自己也是從這個點切入，再去衍生。

作者黃西，專業背景是生化博士，屬於理性思考的人，他並非天生說話就這麼幽默，而是後天持續苦練，才有今天的成績。書中還分享了他在脫口秀中如何找梗、如何修正、如何練習……值得讀者參考，推薦給大家。

推薦序三

幽默的心，勇敢的人

中央電視臺前節目主持人／崔永元

黃西在美國做脫口秀，好比在關公面前耍大刀。但是，關公開心的笑了。

作為地域文化的一種，美國脫口秀和東方的喜劇、相聲是不一樣的。

首先，脫口秀的內容必須是原創的。所以脫口秀主持人要簽創作公司，並按合約給予對方酬勞。作者若罷工，脫口秀節目也會跟著停播。這說明創作一段好的脫口秀沒有那麼容易。

其次，脫口秀表演也有約定俗成的規矩，即說完後要等著觀眾回應。觀眾笑了證明你成功了，你和觀眾都知道。觀眾沒笑證明你失敗了，觀眾和你也都知道。

脫口秀表演遭遇冷場，是一件非常殘酷的事情。而相聲的包袱不響是允許掩飾過去的。這就是兩種不同的文化，就像兩邊的合約範本，美國的總是想得太周到，導致合約嚴苛，一點也不好看。

黃西回國後，很多人感到疑惑，覺得美國市場好不容易接納你，為什麼不一往無前？我的分析是，他想推廣這種脫口秀文化。

脫口秀不是一笑置之，它分析社會現象，參與社會問題評判，為目標人群爭取利益，同時還必須逗你笑。這種藝術的真諦就是自己找罪受，自己和自己過不去。

沒有多少人理解黃西。我算一個，還不知道理解得對不對。

推薦序四

酒窩不醉人，人自醉

中央廣播電視總臺主持人／龍洋

我與黃西相識於《是真的嗎？》這檔節目。在節目中，我們是對有默契且「都有酒窩」的搭檔，借助幽默風趣的語言，對網路中大家關注的焦點話題進行專業驗證與權威實驗。新穎的風格、貼近百姓的話題，以及優秀嚴謹的節目製作團隊，讓這檔節目備受好評。

節目開場秀中，黃西總是金句連連、笑點頻頻，逗得觀眾捧腹大笑。但這看似輕鬆易得的「笑果」背後，其實是他與團隊同仁反覆打磨精心釀造的腦力付出，凝結著對生活的觀察與思考、對人生的態度與主張，笑果的取得很不易。

我很認同這本書中提到的一句話：「幽默可以後天學會。」我想這會很大的激勵那些渴望變得更有智慧、更會表達、更具魅力的人，去積極的學習與改變，最終感受更上層樓的美好。事實上，幽默真的是可以透過學習營造的，我自身就很有體悟。當年因為工作的原因要做一檔脫口秀，為了製造出輕鬆歡樂的節目效果，沒有搞笑經驗的我，只能不斷的在日常生活中涉獵、吸收大量幽默題材，然後不斷的反覆練習。

這個過程辛苦沒什麼，「心苦」才是真的，從生澀到純熟、從彆扭到自如、從冷場到熱場，千淘萬漉的經歷也是鍛造小心臟強大的過程，幸運的是在這個過程中，我逐漸形成了屬於自己的主持風格，並得到觀眾的認可，工作也邁上了新的臺階。

儘管現在我主持的節目類型從資訊到專題，財經、文化、綜藝等都有涉及，但學得幽默的思維方式一直影響著我的表達，也帶給我敢於挑戰的勇氣，就像黃西在本書結尾中寫到的：「不斷試，不怕錯，我永遠『梗』在路上。」是啊，不試試怎麼知道你不行呢？

讓書中的幽默技巧幫助你提升生活情趣、潤色職場生活吧，我相信會幽默的人運氣都不會太差！看，一個五光十色的旅程正在向你開啟。

序

說話有梗，行銷溝通無往不利

你現在讀到的是我寫的第二本書。

記得出第一本書時，有人說過個段子：「有些明星在微博上說自己家沒衛生紙了，粉絲馬上寄來了一屋子衛生紙。你也應該炒作一下。」

於是我也在微博上說我家沒衛生紙了，我的粉絲寄了我的書給我。

先開個玩笑熱熱場子，哈哈哈……（全場肅靜）。

一晃十幾年過去了，回想從前，我拿過脫口秀比賽的冠軍，在中國和美國的電視上說過脫口秀，在白宮調侃過美國總統和副總統（按：影片連結可參考第一五四頁），有了自己的電視節目，客串過《尋龍訣》、《唐人街探案》、《謊言的誕生》（*The Invention of Lying*）等電影。

在過去幾年的時間裡，我放棄了英文演出，全心全意打磨中文段子。二〇一八年，我在中國二十多個城市舉辦了四十多場脫口秀專場表演，每場時長九十分鐘至一百二十分鐘，同時也在電視和網路做一些脫口秀綜藝節目。二〇一三年演出時臺下幾乎全是大學生、白領，到了二〇一八年才時不時的看到老人和小孩的身影。

現在還有一件開心的事情是——我還可以指導和幫助各行各業的兄弟姐妹，利用課餘時間走上開放麥（按：一種脫口秀形式，提供一個練習、打磨段子的場所，任何人都可以在開放麥表演）的舞臺，過一把脫口秀的癮。

雖然打拚多年有了現在的成績，內心也不再像初登舞臺時那樣慌張和恐懼，但是那個怯懦害羞的黃西，仍是我身體裡最真實的一部分。

人緊張靦腆的原因有很多。

我的老家在東北，這裡崇尚「別光說不練」的文化。而我則是盡量講些大家都愛聽的話，然後再退縮到自己的小世界裡去。我從小就害羞靦腆，和陌生人說話緊張，和爸媽說話緊張，甚至連爸媽在陌生人面前說我的好話，我都緊張得要命。

家人說我做事太馬虎，不用心，還不如弟弟。學期開始的學校日，老師向我爸打包票：「你家兒子肯定考不上大學。他太溫吞了。」我爸竟然信了，甚至偷偷幫我聯繫好了一個在鍋爐房工作的差事。

回想起在東北老家的日子，我感覺自己好像從一早起床、上學，到回家吃飯、睡覺，時時刻刻都會暴露自己的缺點。

到美國留學後，本來就不習慣開口的我又遇到了一個難題：英語。我沒自信，覺得一開口就會犯語法、發音和用詞上的錯誤。

我在考研究所時有機化學得了滿分，但是我知道的化學名詞都是中文的。為了能夠弄明白英文專業術語，我一個博士生還經常偷聽本科實習生怎麼說。有一次，我從一個實習生那偷學了一個詞叫「blue juice」，我很自豪的用了一通，直到另一個博士生說「blue juice」就是藍色果汁的意思，根本不是什麼專業術語。

最可怕的是上專業課的時候，有些教授特別喜歡講一些幽默的段子，來活絡課堂嚴肅緊張的氣氛。他一講段子同學們就會大笑。而我卻完全聽不懂還得裝成心領神會的樣子，和大家一起笑得前仰後合。

有一個段子特別能形容我當時的心情：

看喜劇演員查理・卓別林（Charlie Chaplin）的電影時，我對前排的人說：「你一個大個兒擋著，我什麼都看不到！」前面的人說：「沒關係！我笑你跟著我笑就行了！」

跟著別人笑其實挺讓人心虛的。有一句話是這麼說的：「那些你一笑就跟著你笑的人，不是傻子，就是愛你。」

更可怕的是，如果教授將你的笑誤解為你聽懂的一種表現，那他就可能會突然甩個問題給你。

因為工作階段，大家的學歷、經歷和觀念不一樣，再加上還有競爭的關係存在，所以同事間的距離感要比同學間遠很多。

在工作中，我保持著和讀研究所時一樣的狀態，經常加班，再加上第一家公司是新創公司，壓力很大，內鬥頻繁，我甚至因為壓力過大而得了胃病。過了一年好不容易做出了一些成績，卻發現一些剛畢業的同事，一進公司就被提拔，成了我的上司。

原因只有一個，他們善於溝通，經常把自己的想法和上級溝通，而且把PPT（簡報檔）做得非常漂亮，讓上級意識到他們可能會成為管理方面的可造之才。而我這種不善言辭，只會在實驗室裡老老實實做實驗的人就很容易吃虧。

因此，**溝通，特別是幽默的溝通，其實對於每一個人來說都很重要**。

我念書時想成為像愛因斯坦那樣有才華的人，認為天才是內秀（按：外表不顯眼，但很有內涵），溝通是膚淺的。就像尼采說的那樣：「我是一縷青煙，孤獨的在天空中求索（按：尋求）。」

後來我發現**天才也是要溝通的**。幽默就像溝通的潤滑劑一樣。很多知名人士都是運用幽默方面的大師，這份幽默還為他們的事業助力了不少。

幽默口才的培養，並不是讓我們變得伶牙俐齒，而是借助幽默的談吐讓我們的人際交往變得生動而親切。在西方社會文化中，**衡量一個人是否具有**

人格魅力的重要因素，就是幽默感。

幽默除了可以化解困境之外，還可以給對方一個寬容的臺階，使對方不至於陷入尷尬的境地。

一個人如何溝通，不管是書面還是面對面，不僅可以定義人格，也會決定你個人的才華能夠走多遠。

你可能會說：「我不擅長溝通，更沒有幽默感，該怎麼辦？」

如何在生活、工作等場景中，以及在演講的舞臺乃至開放麥中調整心態，運用合適的溝通和幽默技巧？怎樣找到情緒舒壓口？如何建立起親密的愛情、友情和親情？對於上述問題，我會結合我多年積累的人生成長經歷和幽默實戰經驗，在書中一一解答。

希望這本書可以幫助到你，也希望你在未來的工作和生活中敢想敢做，活出精彩的人生。

第一章

有梗不是天生，是後天學會的

01 為了找到我想要的快樂，我嘗試了各種方法

在美國的很長一段歲月裡，我一直處於壓抑的狀態中：工作不得力，生活上沒有任何突出，或者可以讓我全身心投入的事情。

我大學的一個室友總結得很到位：「黃西，你總是拿出吃奶的勁，拚了老命，卻把事給搞砸了。」

為了尋求精神安慰，我去練了氣功。我的師父告訴我們，要在大樹下蹲馬步練功，一直蹲到腦子裡一點想法都沒有，「氣」就會來了。

我苦練了兩個多月，終於有一天，我突然感覺：「咦？我腦子裡真的一

點想法都沒有了！」但我又一想：「剛才那個不就是一個想法嗎？」我當時氣就來了。

後來我就沒再練過氣功。

讀研究所時，有個美國同學因為壓力太大去看了校園心理醫生，心理醫生開了些氟西汀（按：Fluoxetine，一種可以讓身心愉悅的藥物，通常用於治療憂鬱症）給他。

我也去看了同一位心理醫生，希望他也能開一些這種藥給我。

他問我：「你是佛教徒？」我說：「不是。」他說：「你應該是。佛教裡講，人生就是苦海。學會放下這些痛苦吧。我推薦幾本佛書給你看。」

沒有開藥反而要我看佛書，真的是讓我痛苦不已。

後來我就沒再去看過心理醫生。

工作後，我試圖培養一些業餘愛好來調節身心，放鬆心情。

我先嘗試了滑雪。

小時候在東北，玩雪是經常的事，但那時候是直接鉤在公車後面，在沒人清理積雪的大街上滑，速度快還不費勁，感覺非常爽。

但這項「運動」員警會管。

有一次玩雪時，我摔倒在街上，眼鏡也不知道飛到哪去了。一位阿姨幫我把眼鏡找了回來，警察把我帶到派出所要我爸來認領我。

從那時起，我就不敢再碰觸這項運動了。

第一次嘗試踩著滑雪板在山上滑雪時，我已經三十歲了。我們同行的四人都是第一次滑雪，很興奮，大清早的還提前把一桶啤酒放到陽臺上涼涼，預備著滑雪回來喝酒解乏。

第一天滑雪運動量極大，因為我們只會拿著滑雪板往山上爬，卻不知道旁邊的纜車就可以載我們上山。等到了半山腰時，我們已經汗流浹背了。到山頂時，我們已經累得動不了了。此時，旁邊的人告訴我們，不用這麼辛苦，坐纜車就可以到山頂。於是我們非常後悔。

到山頂後，我開始試著往下滑，不等我大腿分開，一個三歲左右的小孩就從我旁邊竄了過去，還順帶著碰掉了我的滑雪板。更氣人的是，我的滑雪板滑得比我還快，一瞬間，它就已經消失在我的視線中。

我躺在雪裡眼看著自己的滑雪板先下山。別人有無人機、無人車，我們有無人滑雪板。旁邊纜車上還時不時能聽到滑雪教練跟學員們講：「你們看看下面那些人，這就是不報我的課的後果！」

我無奈之下報了滑雪速成班，在最緩的坡上和小孩子一起練。掌握了一些基本技巧後，果然感覺好多了，儘管我掌握的滑雪要領，就跟一個開車只會踩煞車的人差不多。

就這樣一天下來，我帶著九〇%的疲勞感和一〇%的成就感回到飯店房間，心裡只留下了喝點冰鎮啤酒解乏這麼點念頭，結局卻是啤酒已經凍成了一大坨冰塊，根本沒辦法喝。

滑雪不成，我開始嘗試高爾夫球，可這項運動窮盡了我的體力和腦力不說，長途跋涉，就只是為了把一顆小球送到一個小洞裡，這個過程讓我感到非常的沮喪和暴躁。

然後我又改打撞球。當然我對撞球桌的要求比較高，撞球桌的洞越大我發揮得就越好（冷場……）。

美國人喜歡把撞球桌放在酒吧裡，旁邊的牆壁上經常可以看到飛鏢靶子。我撞球打得稍微慢一些，玩飛鏢的人就會不耐煩。你當然不想飛鏢在頭上亂飛的時候玩撞球，尤其是這幫扔飛鏢的還喝了酒。

後來我看到一本書說：「如果感到生活壓抑，可以透過寫日記排解自己緊繃的情緒。遇到生活不順利或者自己很迷茫時，就可以打開日記本回顧，之前是怎麼度過難關的。」

我開始嘗試寫日記，但寫了半年多就沒再堅持下去。又過了半年，我重新拿起日記本，閱讀過去記錄下的點點滴滴時，不禁感慨：自己到底是經歷了怎樣一段苦悶且蹉跎的歲月，才能寫出這樣的日記來。非但如此，我似乎也沒有從日記裡，找到可以為將來指明前進方向的內容。

不過我倒是有一個新發現：日記本裡唯一不讓我感到難受的地方，就是我拿自己的境遇開玩笑的部分。

這些調侃和自嘲，讓我變得放鬆和坦然。

漸漸的，我越來越喜歡用調侃和詼諧的方式，來看待和處理我與周圍人事物的關係，這也是我走上幽默之路的緣由。

出於興趣和對幽默藝術的好奇心，我在波士頓報名參加了一個脫口秀培訓班，每週上一次課。培訓課的學員來自各行各業：有開五金行的小老闆、律師、會計、理髮師和待業人員等。在這門課裡，我學到了一些關於段子的基本知識：怎樣做鋪陳和包袱、如何拿麥克風、在哪裡找俱樂部等。

脫口秀演員們**能把自己的生活經歷變成段子，不僅是件很酷的事，而且是非常療癒的事**，就跟在日記裡寫自己的經歷，然後調侃一番一樣。

我深深的樂在其中。

02 水土不服也能是「梗」的靈感來源

在美國，脫口秀演員的主要收入來源，是在各地俱樂部和活動裡講段子逗大家笑。

在中國做脫口秀有個好處：做脫口秀的人很少，目前頂多只有幾百人。而在美國卻有上萬人在做，所以想在美國爭取到一次上臺表演的機會，真的非常困難。

有的俱樂部要求，每一位新手必須帶兩位以上的觀眾來，才能夠登臺演出。當時我在波士頓人生地不熟，最開始是帶著太太去。有時候太太因為工作去不了，我就大雪天站在俱樂部的門口問路過的人：「你想看脫口秀演出嗎？」

如果他們同意，那我就繼續接著問：「你進去以後能不能說是來看我演出的？」有些人表示同意，有些人則明確拒絕。而這樣遭到拒絕的情況幾乎每天都在重複發生。

每一次演出結束後，我都告訴自己，明天再也不做這種沒面子的找觀眾工作了。但是第二天，我又一如往常賣命的找願意看我表演脫口秀的觀眾。而這樣找觀眾的工作，我一堅持就是好幾年。

我回國後做的第一件事就是找國內的脫口秀俱樂部。當時國內的脫口秀俱樂部有兩家（按：型式類似二三喜劇 Two Three Comedy、卡米地喜劇

▲卡米地喜劇俱樂部粉絲專頁 QR Code。

▲23 喜劇粉絲專頁 QR Code。

俱樂部 Comedy Club），其中一家在北京，另一家在上海。

有很多人罵我，說我的幽默不接地氣，說我回國之後水土不服。這些說我的人可能不知道的是——水土不服也可以成為脫口秀創作的源泉。

我很快積累了一些段子內容。說來也是巧，沒過多久，我在做訪談節目時，中央電視臺財經頻道的製片人和主任來找我，說他們那裡有一檔節目叫《是真的嗎？》，這個節目在找主持人，問我是否感興趣。

我覺得這個節目的定位很有意思，有脫口秀風格的主持，還會把求真的內容混搭在一起。對我一個海歸來說，這個求真的內容也是我了解現代中國的一個窗口。我告訴他們說我感興趣。他們說好，並要我週六去錄個樣片。我當時很吃驚，因為那天已經是週二了。在美國沒有幾個星期甚至幾個月是不可能出樣片的。

到了週六，我就用我在平時表演時積累的段子錄了一個樣片，錄完之後我就回美國了。過了兩個星期，我接到製作人的電話，說我錄的樣片已經順利通過。於是我就回到北京，開始參與籌備《是真的嗎？》這檔節目。

當時很多電視節目都是做幾期就撤檔了，所以我沒有抱太大希望。即便如此，我們仍然打著二〇〇%的精神來對待這個節目。

每一期節目裡的段子都要先在小劇場或大學試講。為了一期節目，我和製作人、導演得去跑場地，可能今天去海淀，明天就要去昌平。有的時候試完了段子就在附近的小餐館裡隨便弄口飯吃。有一次，我們吃得連拉了三天肚子。

幸好，付出總算有收穫，節目播出之後反應很好。我在這裡要好好感謝製作團隊，一個節目能夠生存這麼長時間，是很多人不斷努力的結果。

03 自卑？幽默能使你自信

想獲得幸福和自由，我們就必須明白一個道理：有些事情是我們能控制的，而有一些事情則是我們不能控制的，就比如我天生的自卑感。

即便如此，你仍然擁有屬於你的選擇空間——**你可以選擇你自己真實想要傳達的言行和內在感知**。

人在面對困境時可以選擇哭，也可以選擇笑。這個問題看起來很簡單，僅憑直覺，幾乎所有人都覺得應該選擇笑。但實際生活中，為什麼我們很多時候不選擇笑呢？

很多人認為美國人生性開朗，善於侃侃而談，並且極富幽默感。

事實卻不是這樣。

我有個美國同學上臺講解自己的實驗。因為過度緊張，他完全沒有意識到上臺時，隨手把一個空魚缸夾在了胳膊下面，並一同帶上了講臺。

大家覺得奇怪，不明白他為什麼這麼做。

他仍然完全沒有反應過來，還一直在冒汗，直到自己講完了才意識到腋下竟然夾著一個空魚缸。

連美國人都這麼緊張，我心裡著實寬慰了不少。

美國同學的聚會不是大家坐在一起吃飯、聊天、唱歌，而是到某同學或教授家裡，隨機組成三到五個人的小圈子閒聊。在面對這樣的場合時，我總插不進話，所以大部分時候只能自斟自酌喝點悶酒。

有一次，我在一個女同學家開派對時喝多了，想到院子裡呼吸些新鮮空氣，結果一頭撞到了她家的玻璃門上，並發出一聲巨響。派對突然變得鴉雀無聲，賓客們充滿好奇與同情的目光齊刷刷的掃向了我，場面甚是尷尬。

我那時候沒錢，當時的理想就是，將來能夠有一天發現人家扔在路邊的檯燈、床墊、吸塵器之類的東西時，能看都不看一眼。

有一次我撿了幾個舊床墊，想問我的教授需不需要一個。床墊的英語讀作 mattress，但我一不小心讀成了 mistress（情婦）。

我問他：「你需要一個 mistress（情婦）嗎？」

他難為情的說：「我已經結婚了。」

我說：「你結婚了也需要 mistress 啊！我有兩個，可以給你一個！」

還有一次我在走廊上，想問一個女同學她住哪。

我說：「Where do you live?」但我發音不準，把 live（居住）說成了 leave（去）。她以為我問她去哪裡，於是她就說：「廁所。」

而當我想仔細解釋時，她卻已經進了廁所。

我在美國畢業答辯時也很緊張，做得不夠好。其實畢業答辯的簡報是之前演練過的，而且我在裡面加了些小幽默，演練時的效果其實非常好。在面對同一批老師和同學進行正式答辯時，我緊張得思維邏輯混亂，裡面加的小幽默也沒有發揮出應有的效果來。

後來我才明白，**同一個段子是不能在同一批觀眾面前反覆講的**。

這些生活中點點滴滴的尷尬小場景，成了我日後積累段子的重要素材基礎，更重要的是，這些親身經歷讓我想通了一件事：**把自己的苦惱和窘境調侃一番，其實對我的幫助更大**。

04 不管你在人生的哪個階段，都會有人讓你的日子不好過

不論是朋友圈還是職場，人際關係都是一件讓人頭疼，但又躲不掉的事。**不管你的初衷是否出於善意，這人世間總會有人讓你覺得不舒服，想和你對著幹**。

很多中國人和美國人都說，現在的中國留學生總在中國人堆裡混，不想了解和融入美國社會。

確實有一部分人不想了解美國，但我相信這絕對不是他們的本意。

事實上，美國學生有自己的圈子和鄙視鏈，他們大部分沒空讓你了解，

更別提融入他們的圈子裡頭去了。而且即使你融入了圈子，也很容易成為「那個人」，就是每個圈子裡大家最愛在背後一起八卦議論的「那個人」。如果你覺得你的圈子裡沒有這個人，那你很有可能就是這個人了。

在美國，因為語言和生活習慣的不同，加上很多美國學生很挑剔，所以中國學生很容易成為「那個人」。比如，沒有幫女孩拿東西、用完馬桶沒有把坐墊放回原位、禮貌用語沒講好、碰了他們的東西沒有道歉，甚至說謝謝的次數太多等這樣的行為，都很有可能讓你成為「那個人」。

我記得我當時對著洗手間的鏡子向老天爺發誓，以後再也不要試圖融入另一種完全陌生的文化環境裡了。現在看來，美國人到了國外也同樣會有艱難的適應過程。有個美國歷史學系教授到法國。法國人覺得他幼稚無知。這位教授一個勁的解釋：「我不是孩子。我就是表達不出來而已。」

美國前總統巴拉克·歐巴馬（Barack Obama）退休後曾說過一件事。以前他在做社區活動時，總有人跟他唱反調。他當時這樣安慰自己：「等我成了參議員，就不用和這種人打交道。」但是，等他當上了參議員，他發現還是有些參議員喜歡找他麻煩。他就繼續安慰自己：「等我成了總統，我就不用伺候這幫混蛋。」最後，等他當了總統去參加一次聯合國的會議討論時，還是會有其他國家元首挑出他的各種毛病。

他終於意識到，**不管你是在自己人生的哪個階段，做什麼工作，擔任什麼職位，總會有人讓你的日子不好過，你是沒有辦法逃避這些麻煩和痛苦的**。

我以前在美國研究生物科學。在很多人眼中，研究生物科學才是我的正業。後來我開始不務正業，說起了脫口秀，於是包括親戚朋友在內的人都覺得，黃西放棄了自己的人生，他在逃避。他們看不到我為成為一名脫口秀演員所付出的努力——每天早上爬起來寫段子、獨自對著鏡子練習表演、鼓起勇氣走上舞臺，無法逗笑別人時獨自承擔痛苦。

對，沒錯，我是在逃避。不過，**我逃避的只是世人眼中的標準，而選擇了一條自己喜歡的人生之路**。

追求幸福和追求完美，是人的兩大本能和衝動。

原本我一直認為完美才是幸福。我們的父母、學校、公司和社會也告訴我們，完美才是幸福。為了追求完美，我們的家庭、學校、社會都在不停的指出我們的缺點。在家時，家長總是拿我們和成績更好的孩子比、和有專長的孩子比、和愛因斯坦比。

在學校時，老師的口頭禪是：「你們是我教過的所有的學生裡，最差的一屆！」到了社會，我們的自卑心理已經根深柢固了。前一段時間販賣焦慮的文章在微信群裡瘋轉：你的同齡人已經是億萬富翁！你的同齡人已經可以來一趟說走就走的旅行！

這種文章能夠爆紅就是因為我們心裡其實是這麼想、這麼感覺的。我們感覺別人有完美的人生，而自己卻沒有。

這種固有的思維模式讓我們感覺自己不如別人，只有彌補自己的不足才能像別人那樣完美，才能幸福。這種思維是錯誤的。所有人的人生都有不完美的地方，只有接受自己和這個世界的不完美才能幸福。

而**懂得幽默應對，就是面對和接受人生不完美的最好方法**。

有了這個感悟之後，我突然覺得有一扇門為我打開了。走過這扇門，等待我的，將是一個充滿刺激與未知，並且妙趣橫生的世界。

人生就是一個不斷完善的過程，我們每個人都不是一個完美的人，這就註定我們要接受人生的歷練，透過自身的努力打磨之後，才能脫胎換骨，才能從不完美中走出來。

當我放棄追求完美，轉而追求快樂後，一個充滿挑戰，且在我的腦海中揮之不去的念頭，突然撞擊了我這個成天都在跟理科知識做鬥爭的生物學直男博士。

「把為大家帶來歡笑，當成我一生的志業吧！」

幽默能賺錢嗎？大家會笑嗎？

反正我不完美，試試又何妨呢？

05

我內向，和人說話就緊張，怎麼辦？

講笑話沒人笑，的確會讓自己感到不舒服，這種感覺會令你緊張，你一緊張其他人也跟著你緊張，其他人緊張你就更緊張。很多演員，包括大師級的人物比如伍迪·艾倫（Woody Allen）在內，在上臺前絕不吃東西，就是因為怕緊張會導致嘔吐。

說到這你可能會問：「我這個人內向，和人說話就緊張，怎麼把準備好的內容講出來？」

那麼，以下幾點可以幫助你克服這種緊張情緒：

第一點，提醒自己，其實說話緊張是再正常不過的生理反應。

緊張的主要原因是體內腎上腺激素分泌。運動員在比賽前會分泌腎上腺激素，來調動體內代謝以產生運動需要的能量。在人面前說話，尤其是在公共場合演講時，身體同樣會分泌這種激素，讓你感到緊張。所以你要告訴自己這很正常，盡量放鬆就好。

第二點，大方的承認自己很緊張。

切記，對方是不知道你有多緊張的，哪怕你告訴對方「我很緊張」，對方還是不知道你到底有多緊張。你可以大方的承認自己很緊張。你甚至可以拿自己愛緊張這事開個玩笑。

我記得曾在一個劇裡看到一個人一見面想和對方說：「您貴姓？」結果一緊張說成了「您姓貴？」表演藝術家趙本山更是把見面的第一句話說成

了：「你好，我叫不緊張！」

第三點，提醒自己要保持自己的語言習慣和節奏。

如果節奏被打亂了，盡量找回來。有了自己的語言習慣和節奏，你的話語將變得更有煽動性和說服力。

有人可能會問，我做到了你說的這幾點，準備得很充分，也講了段子，但感覺還是無法帶動現場情緒，怎麼辦？「破冰」失敗怎麼辦？

沒關係，記住脫口秀裡積累和走心的要素：繼續溝通，找機會抖包袱（按：把之前鋪陳醞釀好的笑料關鍵部分說出來）或現掛（按：現場進行即興發揮），並且和對方真心交流。

06

比戰勝死亡更酷的事……

記得以前有本雜誌叫《演講與口才》，是專門編給那些希望在演講方面有所突破的人看的。我也買過幾次，發現上面刊載的很多內容都是名人名家的演講詞，不看不要緊，一看更緊張了。他們講得都那麼好，自己和他們一比就相形見絀了。

現代生活裡，越來越多的時候，需要你在畢業典禮、公司例會、年會聚餐、各種派對等場合正式或者即興的說幾句，所以很多人都有提升自己在公眾場合表達能力的需求。

美國的一項調查顯示，**大部分人恐懼的事情中，第一是公共場合演講，**

第二才是死亡。

所以公共場合演講比死亡還可怕。

那麼上臺之前，要不要先把遺書寫好？反正我的遺書是已經寫得差不多了，下面就是：

親愛的家人和朋友們：

當你們看到這封遺書時，我可能還活著。現在就去墓地看一眼以防萬一。如果我真的活不過來了，那麼我的銀行帳號是……。

此處有烏鴉飛過（略冷場……）。

好了，我們繼續往下聊……。

我們在這裡可以用一下逆向思維：既然公共場合演講比死亡還可怕，那麼克服緊張站在演講臺演講，豈不是一件比戰勝死亡更酷的事情嗎？

演講的本質是表演。

我們看過的多數人在臺上的演講，其實超越了溝通和表達，更像是表演。表演就要反覆磨練。就連蘋果公司創辦人史帝夫．賈伯斯（Steve Jobs）在一些大型演講之前，都得練習上百次。

歐巴馬的演講能力舉世公認。二〇〇〇年時，他連民主黨代表大會在芝加哥的會場都沒有資格進去。二〇〇四年七月受邀在波士頓的民主黨代表大會上演講，這下全美國都知道了他的存在。一場演講，觀點犀利，措辭得當，引起共鳴，讓他一舉成名。

後來我參加麻薩諸塞州（Massachusetts）的一個活動，當時的州長演講風格和歐巴馬很像，包括用詞和抑揚頓挫。一打聽才知道，他和歐巴馬請了同一位演講教練。所以美國的政客在演講上還是下了很大功夫的。

我們大部分人都沒有演講教練來幫我們寫稿子、打磨段子、調教語氣腔調等，怎麼辦？你可以嘗試參加開放麥的活動。開放麥就是給那些想要練習溝通技巧，喜歡幽默和脫口秀的新人，一次上舞臺展示自己的機會。

我自己的「笑坊脫口秀俱樂部」每週都有兩次開放麥活動。同樣是上舞臺，開放麥的觀眾就少了很多，有時候臺下的觀眾不會超過十個，其中九個是準備接下來要上場的脫口秀演員，還有一個是來這裡抄段子的網路寫手或影視編劇。

這種場合的優點是可以訓練人，即使表演搞砸了，沒有抖好包袱，你和其他上臺的人也不會有沉重的心理負擔。缺點是有的時候你講得很好，但因為大家對開放麥表演的期待值很低，所以很可能沒人注意到這些亮點。

如果脫口秀對你來講太難，你可以去一些演講俱樂部。那裡你可以講半分鐘，也可以講十分鐘，而且講完後觀眾必須鼓掌。有即興的，有事先準備的。大家互相鼓勵著講，最後大家發言，告訴你哪裡講得好。很多人在這個組織裡找到了自信。我在開始講脫口秀前也參加過國際演講協會（按：Toastmasters International，為一非營利組織），儘管我自己覺得進步很慢，但回頭來看還是非常有益處的。

公共場合演講時，幽默是很重要的。馬克．吐溫（Mark Twain）不僅是個大作家，還是一個不成功的投資人。他在投了幾個項目之後就沒錢了，不得不到各地演講（俗稱商演）賺錢。他在演講的時候很幽默，所以非常受歡迎。有人認為他是美國當代脫口秀的鼻祖。

公共場合演講時不僅要注意運用我們之前聊過的幽默技巧，還要知道你在聽眾內心的認知度。

美國前總統隆納．雷根（Ronald Reagan）可以說是美國政界的脫口秀大明星，他非常了解觀眾的心理，知道他們期待他說些什麼。他還是一個不知名政客時，有一次到一個農場演講。那個地方甚至連一個像樣的屋子都沒有幫他準備。他就站在外面的一個糞堆上講：「我是一個共和黨人，今天是第一次站在民主黨的平臺上。」這句話既介紹了自己，也趁機對了他的對手民主黨。

他成為總統之後遇刺，被人開了一槍。出院後在一次演講中有個現場的氣球爆了，「啪！」的一聲。雷根不動聲色的說了一句：「沒打著。」現場的觀眾愣了一下，聯想到了他之前被槍擊中的事，瞬間掌聲如雷。他這個抖包袱的手法很應景，而他之所以能抖出這個包袱，主要是因為他非常了解聽眾對他的認知。

其實每個人面對公共演講都會緊張。即使是再有經驗的講者，在登臺時也仍會感到緊張。

最有用的練習，其實不是一個人關起門來背下演講稿，而是找一些親友來當你的聽眾。讓他們先聽你講。

為什麼我們跟別人交流時不緊張，演講卻會緊張呢？因為，跟別人交流是有互動的，而演講是你一個人獨自站在臺上。

反覆這樣的練習，你就能夠慢慢的適應一個人站在臺上講話的狀態。

其實你站在臺上哪怕很緊張都沒有關係，只要你的分享很真誠，足夠打動人就可以了。

還有一個特別有用的方法，就是把你練習和試講的過程錄下來。一開始他們說要把這個狀態錄下來時，我是拒絕的，我覺得演講好與不好，跟是否錄下來是沒有關係的。你在練習的過程中有親友的回饋，你自己也能感受到，何必錄下來看。

但當我真的把這個過程錄下來，再自己回頭去看，才發現收穫很大。而且每看完一遍，我都能夠再重新發現自己的問題。

當眾演講是表達自己最好的機會。無論性格是開朗還是內向，每個人的內心其實都有想要表達自己真實想法和展現魅力的欲望，只不過，我們常常因為害羞不敢當眾表露出這種欲望。這也容易給他人造成誤解，好像你沒什麼思想和見解。慢慢的，大家就會習慣性的忽略掉你的想法甚至是存在。其實，每個人都不想處在這樣的境地和狀態中。

所以，你要趕緊行動起來。**在你當眾演講時，你就會成為大家的焦點，大家會仔細聽你在說什麼。最關鍵的是——在你演講的時候沒人插嘴。**這一刻，你終於有了當英雄的感覺，必須好好享受、好好表達，否則就太對不起自己了。

第二章

自信沒人能給，更別自己摧毀

01
想取悅每個人，就永遠不會取悅自己

我們從小在看喜劇片、聽相聲、看小品（按：篇幅較短小，內容豐富多變化的文章）的環境裡成長，所以想當然的以為：這些表演者的幽默是天生的。我還聽說過一個故事，卓別林五歲時媽媽因生病不能上臺，於是他就代替母親上臺，結果節目的效果非常好。但認真想想，很多孩子上臺無論說什麼話，其實大人都會很捧場的笑出聲來。

幽默是語言的藝術，更是思考的藝術。思考多了，自然而然就會形成自己獨有的風格。

卓別林說過：**幽默給人存在感，但這個幽默必須是你自己的幽默**。

伍迪．艾倫是個幽默奇才。他的很多話雖然被廣泛引用，但大家並不知道這些話其實是他最先說的，比如「**喜劇就是悲劇加時間**」。還有一些段子是需要你思考半天後才能領悟其中的奧義，如「我在哲學考試時作弊了，因為我窺視了我同桌的靈魂」等。

他拍了好多電影，幾乎是每年一部。有一年，他得了奧斯卡獎，卻拒絕接受，他的解釋是：「如果他們給我一個獎，我就欣然接受的話，那就意味著我認同了他們的評判。這樣他們下次頒獎時頒給了別人，我也同樣需要接受他們的評判。」人能幽默到這個境界，此生足以。

很多情況下你要相信自己的直覺，因為沒有人真正知道並且深入的了解你。你有沒有發現人成功後大家的感覺就是：「沒想到他還真的成功了！」那是因為沒有一個人真正知道你到底經歷了什麼，還有多大的潛力沒有發揮出來，只有等最後的結果擺出來時，他們才會真正的認同你。

幽默也是一樣，你想要讓自己的幽默方式被別人接受和認可，必須排除他人的干擾。有一句話說得好，**你想取悅每個人，就永遠不會取悅自己**。

每個人的內在都有獨特的幽默感。關鍵是要找對方法並加以培養和磨練，然後在適當的時候展現出來。你也許會問，那為什麼有些人因為幽默搞笑大紅大紫，有些人努力了很長時間卻只是默默無聞？

原因很簡單，有些幽默感大眾認可度高一些，或者正好迎合了受眾當下的品味。

我們**有幽默感是為了成就自己**，讓自己的生活更快樂、更豐富多彩。

02 兩分鐘法則，做你能控制的事

找到幽默感，這裡面有很多功課要做，但這個「功課」本身既有趣又充滿冒險的味道，是讓你不需要透過旅行就能讓人生豐富多彩的功課，又像是一場不看重顏值和年齡的戀愛。

如何把你自身的幽默感展現出來呢？有一條道路就是，**多看其他人的幽默表演，就可以找到自己最喜歡的風格**。

是的，幽默是有很多風格的，就像音樂一樣。音樂有各種風格，如民謠、爵士樂、嘻哈等。**幽默也有很多類型：誇張型、冷幽默、咆哮型、肢體表演型**等。

▣ 誇張型

誇張型是最流行的搞笑方式。相聲小品裡面這種形式很多，觀眾最喜歡直接拋來的幽默段子，一語中的，還不用燒腦琢磨裡面的繞彎子。

▣ 冷幽默

冷幽默（Deadpan Humor）是一種需要讓人回味一下，才能琢磨出來其中門道的幽默。近年來由於網路段子和脫口秀的流行，這種段子在年輕人中越來越受歡迎。很多人說我的幽默就屬於冷幽默的範疇。

▣ 咆哮型

咆哮型的幽默就是在舞臺上大聲咆哮洩憤，或者用小題大作的方式以博一笑。

▣ 肢體表演型

肢體表演型在小品和上海的滑稽戲獨角戲（按：中國地方戲種，因為地方語言隔閡，滑稽戲只流行於上海、浙江、江蘇的許多地區。而一人演出的滑稽曲藝，稱作「獨角戲」）裡面很常見。

如果你鍾情於某種幽默類型，你自己的幽默風格也可以往那個類型上靠攏和發展。

搭建幽默語料庫，是你塑造個人幽默風格的前提。素材庫積累的最好方式就是把它們都記下來，然後逐一用心揣摩如何轉化為你自己的風格。不管你的寫作習慣是什麼，關鍵是要動筆寫出來。

這個素材庫積累不只是量的積累，有些段子還需要經過時間的打磨。我自己有個段子最初講的時候沒人笑。過了三個月再講，效果還是一般。七年之後我還是覺得那個段子好笑，最後在電視上講了出來，並達到了我預期的效果。

這個段子絕不是個例外，美國著名脫口秀演員路易CK（Louis C.K.）有個段子講了快三十年，等到他在電視上再講的時候，才真正到了爐火純青的地步。伍迪．艾倫也有類似的情況。大多數人都透過他導演的《午夜巴黎》（*Midnight in Paris*）認識他。那個電影的架構其實是根據他四十多年前的一個幾分鐘的段子改編的。

另外一個形成你自己幽默風格的方法就是玩命練習，否則你不會知道你積累的段子在聽眾們的心中，是平淡還是熱烈的。

我在去白宮表演的前一天，去了朋友家裡開的一家披薩店做最後一次演練。那是一間很小的披薩店，我邀請了一些街坊鄰里來聽，屋內充斥著麵粉和番茄醬的味道，而且聲音很嘈雜。其實很多美國人對政治並不是很關心，在休閒放鬆的閒暇時間更是如此，所以這些大爺、大媽完全搞不懂我到底在講什麼。即便這樣，我仍然非常珍惜這種鍛鍊的機會。

那該如何做充分準備？

第一，先做再說。

我認識很多人，做事之前總喜歡先確立很多目標。比方說我有個朋友想成為脫口秀演員，於是他告訴自己應該先找準定位，以什麼風格類型的演員為目標，是伍迪·艾倫的知識分子型，還是克里斯·洛克（Chris Rock）的狂放型，是金·凱瑞（Jim Carrey）的誇張表演型，還是傑瑞·史菲德（Jerry Seinfeld）的溫文爾雅的觀察型……琢磨了老半天，一個段子也沒寫，一次舞臺也沒登上過。後來我對他說，你最應該確立的一個目標是：**今後沒事少確立目標**。

畢竟，哥倫布在出航前，肯定沒有先把自己定位成新大陸的發現者。

我在開始講脫口秀時，為了晚上短短五分鐘的臺上表演，常常要在家反覆練習一整天。這聽起來感覺有點得不償失，但從長遠來看非常值得。我說的充分準備不是光準備某一場演出，而是要同時考慮到準備下一場，下幾場，甚至半年、一年後的，可能要做或自己想要做的演出。

有人說過，**這個世界上最大的悲哀莫過於機會來了，你卻沒準備好**。

第二，做你能控制的事情。

這世上多數事情我們都無法控制，比如成功、出名和發財。我們不能想東想西，要先把眼前力所能及的事做好。

有一個著名的「兩分鐘法則」，就是如果有一件事可以在兩分鐘內解決，無論是什麼事情，都要立刻處理，反之，則把它推遲。這些事情可能是很小的事，比如折被子、倒杯茶，完全不需要什麼事先計畫或者自我定位，隨手就能完成。而每完成一件事情，哪怕事情再小，也會產生成就感，這會刺激你繼續做下去，自卑感就會隨之減少。

第三，把事情做精細。

當一件事情你越做越精，越做越好，自然就會產生成就感。而這份成就感很可能就會成為你自我定位的標準。比方說我剛開始並不確定自己是否能成為一名優秀的脫口秀演員，我就去寫段子、上臺練習，一個段子在不同時間和場合反覆講。

突然有一天取得了成就，這時候我再來定位自己：嗯，我可能天生就適合說笑話。看起來有些搞笑，但事實上很可能就是這樣：**自我定位很可能不是目標，而是結果**。

其實，看自己過去的表演，也是為未來做準備的辦法。

我知道大多數人不愛看自己的表演，但對於新手表演者來說，這是必須做的一件事。

很多新人要我給他們的表演提些意見或者建議，其實最好的意見就是回頭看一下自己的表演，並復盤（按：指在腦中對過去所做的事，再重新想過一遍）一下自己的表演效果。

也許你能夠回想起來的都是比較模糊的片段，並且受到當時表演情緒及經驗的影響，演出效果最初會略顯尷尬和目不忍睹。不要退縮，硬著頭皮看幾次自己的表演後你就會明白很多道理，知道下一次應該怎麼講了。

03 拋了梗，底下沒反應，怎麼救？

我在美國第一次登臺表演脫口秀是在一個小體育酒吧裡，講了五分鐘。臺下的觀眾反應平平，其中一個人給我回饋：「你說得可能很好，但我聽不懂你到底說了什麼。」

有一次演出，我大老遠的奔去紐約。在我演講之後，臺下的脫口秀演員說：「黃西說的好不好我完全不知道，因為他說的每三個單字裡面，我只能聽懂一個。」之後的無數次試鏡經常無功而返，不是因為表演得不盡如人意，就是因為沒有得到製作人的推薦而無法登臺。在七年的時間裡，我參加了各式各樣的脫口秀比賽，卻沒有贏過一次。

還有一次，有個即興喜劇表演比賽，這個比賽主要看誰的中文口語說得好。我想我的機會終於來了。比賽結束後，我發現竟然是一位黑人哥們得了第一名，而我只得了第二名。我問他怎麼做到的，他說：「我就是模仿你的口語啊。」

我第一次在一個場子裡做主持人，介紹一位演員。演員嫌我介紹得慢，直接上臺搶了我的麥克風，埋怨了我兩句之後自己開始講。

還有中國朋友不僅說我肯定做不成，而且打賭說如果我能上電視，他就把自己的腦袋砍下來。

即便如此，我仍然堅持了下來。說了這麼多我自己的親身案例，不是為了向廣大的讀者朋友們賣慘。我只是想鼓勵所有和我一樣、懷揣夢想的前行者們，勇敢的踏出每一步，即使前方的路是少有人走的路，可能充滿荊棘和艱險，我們也依然要無所畏懼，負重前行，快樂且自在著。

但若遇到你抖了個包袱，底下卻沒有反應，該怎麼辦？

不用擔心，應付這種狀況有三個辦法：

第一，若無其事講下去。要記住其實大家大部分時間聽你說話的時候，並不知道你是在抖包袱。如果包袱沒響，你就繼續自然的往下說。

第二，拿自己開玩笑。有一次我講了個段子，結果臺下沒反應，我就繼續順著往下說道：「你們能相信我剛才講的是個段子嗎？我花了時間寫、花了時間練，還是不行啊！」我這麼一說，大家反而笑了。

第三，提前準備幾個救場的段子。

如果你不是脫口秀演員，提前準備一、兩個網路流行的段子，就可以輕鬆化解冷場的局面了。

我記得有一位參加綜藝真人實境秀節目的電影演員，就直接講了一個網路段子：「我就不懂了，一個教人做飯的App（手機應用程式）還要用地圖定位，我就想問你們要幹啥，難道我做得不好還要派人來打我嗎？」

做脫口秀的人都試圖在自己的段子裡埋藏一些對世界、社會、家庭、各種人類關係的看法和見解。

有人說**脫口秀是「養樂多」，有營養也有樂趣**。

有人問我為什麼總愛拿總統開玩笑，人家畢竟是總統啊！我說總統是president，我是個普通居民：resident。我們有個P區別。

這是句玩笑話，但是核心是想讓我們放下那些無所謂的面子、尊嚴、身分、地位甚至尷尬。

在幽默面前，人人平等！

04 你的梗好不好笑，你怎麼知道？

剛開始講脫口秀時，我身邊的朋友沒人鼓勵我。他們說我不務正業，說如果我能用英語在美國把脫口秀做成功了，那他們把腦袋砍下來。他們說的不是沒有道理，聽起來我確實是在用自己的弱項和別人的強項競爭。

對此，一些美國人的態度就很不一樣。有一次我告訴一個美國女孩我在說脫口秀。她給了我一個擁抱。我問她為什麼。她說：「因為你是在做自己熱愛的事情。」就是為了女孩口中的這份熱愛，我把畢生的勇氣一股腦兒的用在脫口秀上。

勇氣是什麼？勇氣並不意味恐懼感會隨之消失。

勇氣是即使害怕、尷尬也要去做的決心和態度。

美國現任眾議員亞歷山卓・歐加修—寇蒂茲（Alexandria Ocasio-Cortez）曾主修生物化學，畢業後迫於生計只能在一家酒吧打工，一天就要站十八個小時。

後來，她走上了競選之路。競選辯論前她非常害怕，因為對手是個經驗豐富的老政客。

她就對著鏡子為自己打氣（英文原文見下方）：

「我有足夠的經驗！我有足夠的知識！我有足夠的準備！我足夠成熟！我足夠勇敢！我行！」

後來她憑藉著這份勇氣，成了美國歷史上最年輕的國會女議員。而我也想像她一樣，成為為了夢想勇敢前行的追夢人。

"I am experienced enough to do this. I am knowledgable enough to do this. I am prepared enough to do this. I am mature enough to do this. I am brave enough to do this."

脫口秀與相聲的區別

脫口秀是語言的藝術，所以很多人都問過我，脫口秀和相聲的區別是什麼？我覺得總共有以下三點：

第一，自己就是主角。

脫口秀演員站在舞臺上講的是自己，相聲演員則可以在舞臺上扮演不同的角色，比如小商販、大騙子、愛打官腔的老闆等。

第二，相聲講究傳承，而脫口秀講究創新。

相聲有師承關係。德雲社（按：中國相聲社團）的後臺牆上有德雲社「家譜」。一個師父可以收一個五、六歲的徒弟從小培養，從講傳統段子做起。相聲可以講傳統段子，而脫口秀必須講自己原創的段子。脫口秀沒有師承關係，要靠自己的磨練和積累。

第三，相聲大部分時候是兩個人表演，脫口秀則是一人。相聲大部分時候是兩個人表演，其中一個是逗哏（按：負責逗人大笑），另一個是捧哏（按：負責起鬨）。脫口秀大部分時候演員是逗哏，觀眾是捧哏。所以觀眾既是旁觀者，也是演出的一部分。

當中式包袱遇上西式幽默

在東方，你在家裡或者同學聚會時講的段子，在舞臺上照樣有效果，而在美國就不行。因為美國人從小就開始在親戚朋友面前，講一些很簡單的諧音梗及吐槽段子，所以長大後就不喜歡把這種段子作為表演來看。

我在這方面就吃過虧。

有一次，一個同事講了一個諧音梗給我聽。我沒聽明白。他說等你英文足夠好的時候才能理解諧音梗。後來我開始注意英文諧音梗，自己也嘗試寫了一些。皇天不負苦心人，有一天，我終於也講了一個諧音梗，但是沒有想到美國人聽了後卻不以為然。

猶太民族是一個很有幽默感的民族。美國的喜劇明星比如卓別林、伍迪·艾倫、傑瑞·史菲德等，還有一些編劇、導演，都是猶太人。

據說在猶太語中幽默和智慧是一個詞，因此猶太人的一些傳統段子裡，能夠看到很多充滿智慧的句子。即使是在二戰時期納粹德國的集中營，一些猶太人也會坐在一起講段子。

西方人和東方人對待幽默的態度如此不同，可能和以下幾個原因有關：

第一，生活環境不一樣，對同一事物的認同感不同。

比如我講過一個我小時候的經歷。上初中時學校沒有暖氣，要求學生帶煤上學。有一次我忘記帶了，老師要我去教室外面罰站。我沒有帽子，也沒有手套。此時，英語老師過來把雙手捂在我耳朵上。我的眼淚差點流出來了，因為他的手比我耳朵還涼。

中國觀眾有認同感，聽過之後便哈哈大笑。美國觀眾一般都笑不出來，覺得太慘了。還有在中國關於地鐵、高鐵的段子很受歡迎。而在美國由於大部分人不坐地鐵或高鐵，這類段子就沒有多大市場。

第二，在美國邏輯性強的段子，在觀眾中迴響更強烈。

這和西方的傳統教育有關。在考ＧＲＥ（Graduate Record Examinations，美國研究生入學考試）時，我發現數學部分很容易，邏輯部分卻很難。

到了美國實驗室我算劑量的速度很快，但實驗結果出來之後，分析的速度要比美國同學慢得多，透過邏輯推理設計實驗方案的能力也相對弱一些。

我有一次陪兒子去圖書館，裡面有一本比較世界四大文明的書，我翻了翻發現，蘇格拉底和孔子是同時代的思想家。他們深深的影響著東方和西方的文明，但他們的思維重點卻截然不同。蘇格拉底和他的弟子們注重的是，透過邏輯推理找到真理；孔子講究的是社會和家庭倫理。所以在相聲、小品裡，如果你能透過各種辦法繞到「我是你爸爸」這句話，那觀眾就會笑。

在美國，有很多邏輯分析類的段子會讓人笑，比如喬治．卡林（George Carlin）的段子：「為什麼我們總會說：『美國夢』？因為你得先睡著才能相信。」

第三，中國的段子擅長把一些事實做誇張處理，這樣在觀眾中產生的效果更強烈。

比如有個段子說，有個人接了個給人家挖井的工作，結果圖紙拿反了，給人家建了個大煙囪。這種段子在中國很紅，而在美國可能就不大行，因為一聽就知道不是真的事。

第四，美國人喜歡一些數字方面的幽默。東方人數學好，計算能力很強，所以對數字幽默的反應不是很強烈。

因為美國人的數學基礎不強，所以一些數字的笑話還是很受歡迎的。我有個段子是這麼講的：我上國二時，全年級有三百人，我考試考了第兩百八十四名。回家後，我跟我爸說，成績比十個同學好。我爸說，你成績比十六個同學好啊！你怎麼加減法還不會呢？這個段子在美國效果很好，在中國肯定不會有什麼效果。

第五，美國的幽默尺度大一些，尤其是在影視網路節目中。

我講的段子大部分尺度不大，主要是因為我在美國的脫口秀俱樂部時間長了，發現一場演出下來八〇%以上是黃段子，真的是聽膩了，自己也懶得講了。美國幽默的大尺度也是在幾十年的時間演變過來的。

即便如此，美國人也承認尺度小的段子更難講，所以史菲德和伍迪・艾倫在美國脫口秀界還是有大神級別的地位。

第六，種族玩笑在歐美很流行，尤其是北美和澳大利亞（澳洲）這些移民國家。

美國是一個對印第安人實施種族滅絕、對黑人進行奴役的國家，所以很多人說種族主義是美國的原罪。並且因為美國白人居多，他們有無數針對有色人種的歧視性段子、漫畫和影視劇。

不過，平權行動之後情況變了，大家普遍認為白人拿少數族裔、女性和殘疾人士等弱勢群體開玩笑不得體，在大的公共場合和影視節目裡就不再允許這麼做了。

但反過來，弱勢群體可以拿白人開玩笑。這倒是公平，但是近來，針對弱勢群體的惡意段子也有了一些市場。

第七，中國的脫口秀觀眾相對拘謹，一般不大和演員互動。但你講一段時間之後，中國觀眾的反應是非常熱烈的。美國脫口秀觀眾從一開始就很嗨，而且是一邊喝著酒一邊看，很放鬆。

這樣看來中美幽默有很大不同，但這些不同主要是由**生活環境和語言不同**造成的。我是一個夾在兩個國家和文化之間並且來回游走的人，所以經常有人對我說：「我覺得美國人的笑點很低，很多不搞笑的段子都能讓觀眾笑個沒完。」當然也會有美國人說：「中國人的笑點莫名其妙。」

這主要是對另一個國家的文化背景和語言不了解所導致。拋開這些表面的東西，其實幽默技巧是一樣的。大多數中國人在看《六人行》（*Friends*）時，都能抓住影片的笑點。之前抖音裡有一個很紅的帳號叫「東北話」，這個帳號主要是用東北話替《六人行》裡面的橋段配音，不用看帳號裡的內容，想想就很逗。

現在，上場表演的時刻正式開始。

05 越聊越起勁，練就幽默感的四要素

幽默是濃縮的人生精華，且是可以透過後天努力學習和實踐學得的一種能力，但無論你想要活潑大方的幽默，還是冷面滑稽的幽默，都需要傾注時間去打磨。想要別人聽懂你，其實不難，只需練就幽默感的四要素：知己知彼、主題和關鍵字、幽默素材、表演元素。

知己知彼

講脫口秀一個很重要的要求就是**了解你的觀眾**，因為只有了解觀眾，才

能與觀眾產生共鳴。你在脫口秀表演時很容易了解觀眾，因為他們就在你的眼前笑或鼓掌，即使他們一點反應都沒有，你也能看得一清二楚。

這個時候可以採用喜劇裡的「簡單化人格」方法。

大家都知道有外向型和內向型人格。

另外一個維度的兩種類型是理性人格和感性人格。一般來說，理工科學生的理性人格居多，文科學生的感性人格居多，但也不是絕對的。

把這兩個標準組合到一起，你就可以直觀的看到四個基本人格：理性外向、理性內向、感性外向、感性內向。

遇到理性的人，你可以多說些邏輯梗和冷笑話。對於感性的人，你可以用一些咆哮型幽默或肢體段子來打動對方。

如果對方是外向的人，你還可以相對收斂一些，讓對方多說一些。

這也是面試時常用的一個重要技巧：**自己沒話說時，可以詢問對方關於**

公司的問題，讓對方多說。結束之後對方會覺得你對他們感興趣，很有滿足感。

了解對方的人格，既有利於自己與對方溝通，也可以讓對方感覺自己受重視，從而對你產生好感。有了好感以後很多事情就好辦了。

反過來，你也應該知道自己屬於什麼樣的人格，在溝通時可以直接把自己的性格告訴對方。

多數情況下，對方眼中的你和你的自我感覺還是會有一定偏差的。不妨把這個偏差復盤一下，也許你會突然搞清楚一些一直沒有想明白的事情。

我在中國科學院（Chinese Academy of Sciences，簡稱中科院）攻讀碩士時，自認為很友善，但總有

⬇ 根據性格的不同，使用不同類型的幽默。

性格類型	學科類型	幽默類型
理性	理工科學生居多	邏輯梗和冷笑話
感性	文科學生居多	咆哮型或肢體表演型

人說我很怪，說我看他／她的時候讓人覺得怪怪的，還有人說我總是笑咪咪的也很怪。現在想想，你真的不知道哪一個瞬間會讓別人注意到你，並對你產生深刻的第一印象。與其讓這種飄忽不定的第一印象留在別人的腦海裡，不如你直接告訴別人自己是個什麼樣的人。

有一次我很直率的告訴對方，我是個慢熟型的人，對方就非常能理解我的一些行為和舉動了，後來我們還成了很有默契的朋友。

主題和關鍵字

很多人並沒有想把幽默搞笑當作進入娛樂圈發展的敲門磚，他們只是單純的對幽默充滿了濃厚的興趣。在生活和工作中，幽默的溝通方式可以讓你多一份歡樂，少一份緊張和尷尬。

那如何快速進入幽默的大門呢？我的建議是遵循一個法則：

破冰＋技巧＋累積＋走心。

萬事開頭難，幽默溝通也不例外。不管是演出、開會、面試、相親，還是推銷，都需要有個好開頭。

開頭或者開場就是所謂的破冰（ice breaker），在脫口秀裡面稱作「熱場」，起到讓大家放鬆，開始笑起來的作用。脫口秀節奏快，需要在十幾秒之內就抖出包袱，讓大家笑起來。

笑是很難裝出來，並堅持下去的，所以在脫口秀俱樂部，即便再大的腕兒（按：指某領域裡實力強、名氣大的人）上臺，如果三十秒內沒讓大家笑起來，那也得歇菜（按：停止）。

破冰或熱場是有規律可循的。

首先要讓人記住你，知道你是誰。比如拿自己的名字做文章。

上大學自我介紹時，我總會說：「我是黃西，黃瓜的黃，西瓜的西。」一多年後我出的第一本書也叫《黃瓜的黃，西瓜的西》。我在央視《是真的嗎？》節目中也講過很多關於名字的段子。

比如有一個孩子名字叫做張五一，我問他爸，是不是因為孩子是在勞動節出生的？

他爸說：「不是，是因為長大以後我想讓他有五險一金（按：中國大陸地區勞動者所享有的社會保險福利，其中「五險」是指養老保險、醫療保險、工傷保險、失業保險、生育保險，「一金」則是指住房公積金）。」

這一招世界通用。

喜劇演員曹瑞給自己取了個英文名字，就叫做 Sorry（對不起）。可以想像的到，他和外國人做自我介紹的時候，會製造出多少有意思的效果出來（如下頁下方英文對話）。

除了名字以外，還可以講幾個關於你自己的故事。大家有機會可以看看《超級演說家》這個節目，裡面很多演講者上來通常都是先自我介紹，再講發生在自己身上的一些親身經歷。這些故事很快就拉近了觀眾和表演者之間的距離。

我在做脫口秀培訓時，經常推薦大家看，尤其是新演員需要準備自己的第一個五分鐘段子的時候。

有一次，我遇到一個女孩，她對我說：「我的人生就是個段子。我媽最近說要在北京買間套房，然後租給我。她所有花在我身上的錢都有個清單，沒事就會拿給我看。」

其實這個段子曾經被很多娛樂節目用過。對於大多

"What's your name?"
"I'm Sorry."
"But what's your name?"
"I said Sorry!"

數人來說，生活都是簡單而普通的，並沒有太多能引起大家極大關注的事情發生。如果你一時沒什麼特別的故事可講，我建議你寫一個半頁或者一頁的自我介紹，在這個自我介紹裡，你需要回答出以下幾個問題：

1 最後悔的事情是什麼？（比如加了推銷員的 LINE）
2 最自豪的事情是什麼？（比如差點跑完了馬拉松）
3 自己身上有什麼毛病讓自己深惡痛絕？（比如喜歡吹牛）
4 最怪的朋友？（沒朋友，包括男朋友或女朋友）
5 最奇葩的一次相親經歷？（對方問你結婚了嗎？）
6 吃過的最怪的食物是什麼？（比如活蚯蚓）
7 最尷尬的事情。（記錯老闆的名字，然後當眾介紹他／她）

回答完這些問題之後，你可以把這些答案分享給身邊的朋友們，看看他們有什麼反應。如果他們能給個神回覆或笑點之類的，那你以後在熱場或破冰時就可以用上了。

如果還是無法準備出什麼精彩的內容，那你也可以選擇說實話。我記得有一次開會，一位女教授發言時說：「我感覺到我應該講個段子熱熱場，但我不會講段子。」這麼一說，大家倒也能設身處地的會心一笑。

幽默素材

如果你想要寫好文章，那要讀很多書。如果你想要培養自己的幽默感，那最好也要多讀、多看、多聽段子和幽默故事。

你可能會說：「我是一個有身分且有體面工作的人，我的生活就是朝九晚五的上下班，怎麼寫得出段子？」

脫口秀和相聲小品很大的區別就是——說脫口秀的人，大部分一開始都是從事其他行業的。

很多的綜藝、訪談或真人實境秀節目裡，嘉賓或主持人不經意間就會抖個包袱。其實他們很多是事先有準備的。他們所說的段子有些是段子手創作團隊創作的，有些是自己平時累積的。

每個人寫段子的習慣不一樣。有些人可以坐下來一寫幾個小時，有的人沒法坐下來寫段子，還有些人根本不用寫——他所有的段子都記在腦子裡。

我剛開始講脫口秀的前七、八年都無法好好坐下來寫段子。我只好在口袋裡放個小筆記本，一想到好笑的事，就趕緊記錄下來。有時會在開車時突然想到一個段子，就只能等紅燈時記下來。

我有個脫口秀演員朋友更神，他會在和你聊天的過程中突然打斷說：

「這個點子不錯！」然後掏出錄音筆就開始錄，錄完了接著繼續和你聊。所以有時候我心裡會開始犯嘀咕，剛才他記下來的是我的還是他的段子？

我是在接到主持白宮記者晚宴之後，才開始坐下來寫段子的。

我從來沒有涉獵過關於政治的段子。接到這個工作以後，我每天早上把孩子送到幼兒園，接著就去咖啡館寫一個小時段子，然後再去上班。就這樣堅持了兩個半月，才逐漸養成了坐下來寫段子的習慣。

生活中有很多可以當作幽默的素材，比如你的身分。

你的身分本身可以作為話題講很多段子。比方說，如果你來自內蒙古，你可以講大家對內蒙古的一些刻板印象。

例如一個內蒙古的演員會說：「很多人認為在內蒙古大家都騎馬、住蒙古包、射箭等。這些當然是不對的，我不會射箭。」

有個演員叫石春雨。他說：「我經常拿我老婆講段子，講了一段時間後發現，一個老婆不夠用了。」

另外，你的職業本身就是一個極好的脫口秀素材。我自己就有個脫口秀俱樂部叫「笑坊脫口秀俱樂部」。

你可能真的覺得自己的校園生活擠不出一點幽默來，那也沒關係，還有別人的人生呢。我常常覺得我周圍的人都很逗。他們可以為我提供足夠多的笑料。

我們有一個脫口秀節目叫做《行行脫口秀》，節目口號就是「三百六十行，行行出脫口秀」。

來我們這裡演出的人來自各行各業，有律師、工程師、警官等。我們俱樂部有位律師叫趙鑫。她說：「我講脫口秀就是為了招攬客戶，因為我是一名離婚律師。」

她經常喜歡講一個段子。如果妳的男朋友跟妳說：「我通過了司法考試，才能和妳結婚。」那妳就不要等了，因為這是法律人獨有的分手潛臺詞。

還有一個人叫四季，是一名快遞員。她經常開玩笑說：「快遞員，就是那個，就算我們沒洗頭、沒化妝，也要下樓去見的男人。他的電話我基本秒接，他的簡訊我基本秒回，見到他比見到男朋友還開心，對待他比對待男朋友還溫柔，知道為什麼嗎？因為，我沒有男朋友，哈哈哈。」

如果你沒有職業，那也可以講沒有工作情況下的人生遭遇：家人的擔心、自己的面試經歷等。

這裡還要著重講一下地域梗，就是拿一個地方開玩笑。其實地域梗從古就有。「日啖荔枝三百顆，不辭長作嶺南人。」嶺南在古代是窮鄉僻壤，有人為了每天能吃到三百顆荔枝，願意一直在那裡生活。現在有人會講河南人怎麼怎麼樣、南方人怎麼怎麼樣、東北人怎麼怎麼樣。如果你是那個地方的人，那你可以講講自己家鄉或居住地的段子。最好不要講自己沒有生活過的地方的段子，主要原因有兩個：

1 你講一個地方的段子，可能不如本地人講得好。

2 很容易讓人感覺極度不適。

表演元素

即興喜劇（Improvisational Comedy），是演員在舞臺上表演時，觀眾給一個場景、一個關鍵字或一個人物設定，然後由演員們在舞臺上即興表演一個小品。即興喜劇表演者遵循的一個原則是「Yes, and」，也就是，不管你的搭檔說什麼，你都要說：「是的」，然後按照那個思路和劇情去往下演。

短影音近幾年火得一塌糊塗，各個年齡段的人都在滑抖音、ＩＧ、小紅書。本來想打開手機看看今天上午的天氣怎麼樣，結果看一下短影音一上午就過去了。

短影音平臺來得快，去得也快。大家還記得小咖秀（按：一款原創搞笑短影音Ａｐｐ）嗎？當年小咖秀也是明星和素人都在玩，現在提起小咖秀得想半天才能想起來。

但話說回來，不管是什麼平臺，好的內容片段還是會被大家反覆觀看的。現在很多公司在培養網紅來做短影音，還有一些人在做搞笑內容。其實短影音也用到了很多我們之後文中會提到的幽默技巧。

06 說話的禁忌：自以為聰明

說到底，笑話只是用來溝通的一種手段。如果笑話使用得好，那它就是人與人之間的潤滑劑。反之，它就會影響人與人之間的關係。

當然，在交往之中，僅僅會說一些尺度內的笑話還不夠，還必須讓人覺得你的笑話有品質、有內涵、不膚淺。

隨著觀眾素養的提高，大家越來越希望聽到一些有品質有內容的笑話。脫口秀是一個很好的形式，它試圖將肢體表演的部分減到最低，讓觀眾更注意笑話的內容。於是，那些充滿智慧的笑話也就有了優勢。那麼，像我們這種自信心不足的人，要怎樣才能說出充滿智慧的笑話呢？

▣ 學會說潛臺詞

就像那些光靠嗓門大來搞笑的喜劇已經過時了一樣，那些太直接的笑話也漸漸乏味了。

在開企劃會議時，大家最喜歡說的一個詞叫「直白」，意思是你想表達的東西要直接給到觀眾，否則觀眾聽不懂。

我覺得這是一種典型看不起觀眾的觀點。

事實證明，觀眾的智商比你想像的要高得多，而且成長極快，口味也逐漸被培養得越來越刁。尤其是喜劇，你要是再用十年前那套搞笑方式去拍電影，票房絕對慘敗。

笑話也是一個道理。你要把觀眾想像成智商和你一樣、甚至更高的人。這樣你對自己的要求也會更高，說出來的笑話自然也就智慧含量更高，而這樣的笑話往往也是含蓄的、不直接的，因為包袱背後通常會有潛臺詞。

▣ 控制節奏，注意留白

我常常覺得，好的笑話是合作出來的。什麼意思？就是我說一個笑話，僅僅只完成了一半，另一半需要觀眾自己腦補畫面。

如果我們把說笑話比喻成畫畫，那麼我建議大家盡量不要畫那種毛孔畢現、以假亂真的寫實畫，而要畫那種寫意留白的山水畫。要想辦法打開觀眾的聯想能力和反應空間。

比如有這樣一個段子：

我相信出差最痛苦的事情，不是同房的同事睡覺打呼，而是他打的呼是沒有節奏的。

雖然打呼是個很具象的行為，但沒有節奏的打呼，大家卻沒有見識過。此時，觀眾腦子裡會產生相應的畫面，彷彿還有不規則的聲音在耳邊起伏，頓時就會覺得這笑話很有趣，也很形象生動。

▣ 學會「大智若愚」的技巧

有一句古話叫「大智若愚」，意思是那些看起來笨的人往往有大智慧。這話充滿哲理，本身就蘊含著智慧，呈現在笑話上其實就是製造反差。

因為我在觀眾眼裡的喜劇形象常常是那種木訥、情商很低的理工男，所以透過我的嘴說出來的那些笨笑話，往往會有出其不意的效果。舉個例子：

我當年報考北大沒考上，我鄰居家孩子考上了。還寫信給我，說北大宿舍裡竟然有蟑螂。我一聽氣壞了：「牠們是怎麼進去的！」

不通人情、情商很低、直來直往、嘴笨反應慢，這些貌似都是笨人的表現。如果從這個角度去說笑話，且笑話很精彩，那別人就會對你刮目相看。此時，你的木訥就成了你的優點，因為你讓他們看到了智慧的光芒。

說來說去，對於能否說出聰明的笑話，其實就只有一條禁忌：**千萬不要自以為聰明**。刻意表現的聰明和智慧，往往都是愚蠢的。

第三章

梗，是這樣製造的

01 為什麼我說話這麼有趣？

無論在任何國家，搞笑形式的基本結構都是大致相同的，那就是**「鋪陳＋包袱」**。

鋪陳（set up）是很常用的烘托手法，是為了抖包袱提前做的一些基礎性描寫。鋪陳，通常會描寫一個日常生活中極為平常但真實發生的事。

包袱（punch line）是隱藏的伏筆。抖包袱指的是巧妙的把結局展現給讀者。包袱是個非常形象化的比喻詞，它實際上指的是喜劇性的矛盾醞釀。

也有一些觀點認為段子應該是「鋪陳＋態度＋包袱」。

這裡面的態度可以是公開表達出來的，比如開心、失望、困惑等，也可以是隱藏起來不明說、不言而喻的，比如當你說「我手機丟了」時，大家都知道你當時一定是處於焦慮、急躁的心情中。

所有的段子都有鋪陳和包袱。比如：「一個新司機上班，同事問他來的路上還順嗎？他說很順。」這就是一個鋪陳，講的是一件再平常不過的事。當然，在鋪陳裡一般都有喜怒哀樂等情感帶入。在上面的鋪陳後面接一句：「我自己開車開得很順，但就是不知道為什麼，路上有好幾百人在逆向行駛。」這一句就是包袱，讓大家笑的地方。

我們接下來要講很多脫口秀（幽默）的創作和表演技巧，但高級的脫口秀往往看不出太多技巧痕跡，聽起來完全發自肺腑、渾然天成。高級的脫口秀是經過長期的訓練，技巧嫻熟之後，培養出來的幽默感，所以可以憑直覺，走心（按：用心、認真），讓自己的心聲發出去，並能讓觀眾和你在同一個頻率上震盪。

02

逆向思維，反轉你的腦

大家習慣的思維方式，是按照邏輯順序或時間順序正向運轉的。運用逆向思維就會讓大家因為錯位展現的角度不同而忍俊不禁。

我曾經一本正經的說過：「我這個人不相信星座。因為，我認為人應該主宰自己的命運。水瓶座的人都這麼想。」

還有一次我參加一個活動。張紹剛是這個活動的主持人。雖然我是第一次和他見面，但還是拿他開了玩笑。我說：「張紹剛有一點好，怎麼調侃他都不會生氣。你們看，我在這裡說了他這麼多不是，他都不會生氣。這就是一個優秀主持人的氣魄。但其實我知道，他晚上回到家會換小號（按：為表達自己內心想法，不想讓別人發現關注而另外申請的帳號）上我微博，在下面留言罵我。我當然知道是他，因為他的ＩＤ就叫張紹剛小號。」

這個段子裡有好幾層反轉，先是誇他有度量，然後又說他其實沒度量。實際上，在講段子的過程中他就坐在臺下。他的笑容就代表了他是個有度量的人。這樣貌似損人、其實是誇人的方法，在現實中，我們會經常用到。

在生活中，你可以多運用一些逆向思維的段子，讓自己隨時幽默起來。

以下是幾個逆向思維的案例：

我和朋友去健身房健身。健身剛結束，朋友想吃巧克力。

我說：「剛健身完不能吃東西。」

朋友問：「那要等多久呢？」

我說：「別人我不知道，反正我至少要等一分鐘。」

很多人說：「外國的孩子是誇大的，中國的孩子是罵大的。」

但其實我爸從小到大一直誇我：「你真行！全班四十五名同學，你能考四十三名。你真行！」

我向女孩表白說：「我能做妳的男朋友嗎？」

她說：「我們還是做朋友吧！」

我說：「太好了，我已經成功三分之二了！」

03 事不過三，其實有道理

事不過三是說在羅列事情時，一般第三個提到的事情是個包袱。

相聲搭檔郭德綱說于謙：「抽菸、喝酒、燙頭髮」，在這第三個提到的燙頭髮就是包袱。如果是「抽菸、燙頭髮、喝酒」或「燙頭髮、喝酒、抽菸」，那麼喝酒和抽菸就分別是要抖的包袱了。

以下是事不過三的案例：

老闆說：「有同事業績好，有獎金；有同事工作態度好，有獎金！」

我問：「那我哪裡好？」

老闆說：「你想想就好！」

有的人說，我最喜歡藍色；有的人說，我最喜歡綠色；有個女孩說，她最喜歡粉色。

別人問：「哪種粉？」

她說：「酸辣粉！」

我說：「我最近很倒楣，打麻將三缺一，玩鬥地主二缺一（按：鬥地主是一種紙牌遊戲，人數一般為三人，一人為地主，另外兩人為農民）！」

我的單身朋友說：「那有什麼，我談戀愛一缺一。」

聚會上，有一個朋友說：「我爸爸喜歡畫畫，所以我有畫畫的天賦。」

另一個朋友說：「我媽媽喜歡唱歌，所以我有唱歌的天賦。」

我想了想，說：「我爸媽喜歡拿我的長相開玩笑，所以我有說脫口秀的天賦。」

04

用比喻或替代形容，看似無關卻是笑點

比喻或替代，是將兩個表面看來根本沒有關係的東西放一起，透過尋找共同的相似點引人發笑。比如我在《是真的嗎？》節目裡講過一個段子：「考試跟吵架本質上一樣，都是事後覺得沒發揮好。」

還有一個段子是說一位女性商業高階主管求婚很強勢，她發了一則求婚簡訊給男友：「通知，我擬於七月七日結婚，新郎名額有限，報名從速。」這個包袱其實是把求婚寫成了招商廣告。

以前美國有個笑話。當時美國要求一個人要有五百美元（按：約新臺幣

一萬六千三百八十二元）財產才能有選舉權。這個段子說，假如我有一頭驢值五百美元。我的驢活著，我就能選舉。我的驢死了，我就不能投票。到底誰是選民？我還是我的驢？以下是比喻或替代的案例：

我說：「自從我辦了健身卡後，就有了一種參加奧運會的感覺。」

朋友說：「是一種運動的感覺嗎？」

我說：「不，是四年去一次！」

水果掛起來就會壞得比較慢，是真的嗎？

是真的，因為它們就會以為自己還長在樹上。

有一個朋友減肥，一個月瘦了三公斤，跟閨密說：「三公斤啊，是不是很厲害？」

閨密回他說：「這個效果在你身上，怎麼說呢，堪比買套房得到了三元禮券。」

05

說生僻題材，要記得把話題轉回大家熟悉的

這個方法是說在講段子時，你可以講一些大家不太知道的事情然後抖包袱。在講脫口秀時，演員需要注意的是——**互動時不要問聽眾：「大家最近有什麼好玩的事嗎？」**很多聽眾是自己沒啥開心的事才來聽你的脫口秀的。所以，如果你在脫口秀裡講些大家不知道的事情，就會讓大家更感興趣。

我曾講過一個段子，有一段時間北京蝸牛特別多，大家擔心蝸牛身上的細菌會害大家生病。我說：「怕什麼？如果你遇到這種蝸牛，你反而有一個用慢動作逃命的機會呢！」

講生僻題材和術語能夠吸引觀眾，但最好能**把話題轉回到大家熟悉的東西上**。

比如，有人問愛因斯坦什麼是相對論。愛因斯坦說：「把手放在熱爐子上一分鐘感覺是一個小時，和漂亮女孩在一起一個小時感覺是一分鐘。這就是相對論。」

以下是生僻題材的案例：

朋友聚會，有個朋友說：「我現在是個固體和液體空間位移專家。」

其他人說：「這太深奧了，能講白話一點嗎？」

他說：「就是外送員呀！」

06 諧音梗，大家常用，但專家唾棄

有些喜劇團隊是以諧音梗出名的，比如「開心麻花」。他們的作品從標題（《夏洛特煩惱》）到臺詞（打敗你的不是天真，而是無鞋），再到角色名字，比如郝建等，都是諧音梗。

每個人偶爾也會說一些時下熱門的諧音梗，如藍瘦香菇（難受想哭），或是「我不斷的洗澡，油膩的師姊在哪裡」（我不斷的尋找，有你的世界在哪裡）。諧音梗很快就過時，所以雖然是網路段子手們常用的創作手法，也是一個被大部分職業脫口秀演員所唾棄的段子類型，除非你用得極好。

跨語言的諧音梗對學外語倒是非常有用的。尤其是剛接觸一門語言，層面很淺，諧音梗有助於記憶。有些英語補教機構之所以出名，是因為在教學過程中用了很多英文諧音梗。

學外語的諧音梗是源遠流長的，從三十多年前的「thank you」（三塊肉），到現在的「postman」（跑死他們）。還有日語裡面的「我回來了」是「ただいま」，聽上去像「他大姨媽」，這個畫面肯定有助於記憶。外國人學中文也是用這個辦法，

➡ 有趣的諧音梗。

諧音梗	原意
藍瘦香菇	難受想哭
我不斷的洗澡，油膩的師姊在哪裡	我不斷的尋找，有你的世界在哪裡
三塊肉	thank you（謝謝）
跑死他們	postman（郵差）
他大姨媽	ただいま（我回來了）
shit shit（屎屎）	謝謝

美國人小時候學中文也用諧音梗。比如我見過外國人把「謝謝」標注成「shit shit」（屎屎）來幫助記憶。

以下是諧音梗的案例：

一個朋友的兒子叫天天，特別高冷，誰跟他說話，他都不應聲。

朋友生氣的說：「天天你這孩子怎麼這樣，一點禮貌都沒有。」

朋友老婆說：「別怪孩子，俗語說得好。」

朋友說：「俗語怎麼說的？」

老婆說：「叫天天不應啊。」

我記得有次過年和兒子一起回東北老家，結果出門後才發現，新買的衣服有點緊，但為了趕飛機也來不及換了。

兒子安慰我說：「爸，你這叫『衣緊（錦）還鄉』！」

最近幾個哥們兒都超級缺錢。

我說：「你們錢都花哪了？」

一個說，陷入了姊弟戀，為了證明自己有實力使勁砸錢；另一個說，陷入了異地戀，得跑來跑去；最後一個IT男說：「我……陷入了區塊鏈。」

07 提問能讓腦洞大開，發揮想像

在脫口秀創作時，要有極致的想像力。比如美國脫口秀明星克里斯·洛克在談到槍枝時，說他有辦法減少槍擊案發生的可能性。他說，只要一顆子彈賣五千美元（按：約新臺幣十六萬三千八百二十元）就可以了。這樣大家在想開槍之前會更理性一些，比如得想想自己有多少存款？要去哪找份工作？等他賺夠了錢，可能早就把槍擊這事給忘了。

腦洞在脫口秀和段子創作上更是必不可少。使用腦洞的一個辦法就是**提問題**。

比如，你可以問自己，假如一個男人懷孕會怎樣？假如你中了彩券會怎

樣？假如你能一夜之間改變大家的審美觀，你會讓大家覺得自己是顏值最高的人嗎？（我會的）

對非脫口秀演員來說，腦洞大一些也沒有壞處。很多工作是需要創造性和突破性思維的，比如廣告、推廣、行銷等。長遠來看，腦洞是真正在推動人類文明發展的原動力之一。如果人類只是以需求為推動力，那我們可能還生活在農耕社會。因為人類有了腦洞，有了推理和想像，所以我們的生活和科幻小說越來越接近了。

以下是腦洞的幾個案例：

兒子問我：「如果猴子沒進化好，還用四肢走路怎麼辦？」

我說：「那鞋的銷量肯定翻倍。」

兒子問：「人沒有手，那誰來做鞋呢？」

在我上大學那時，有個室友不小心尿床了。別人都嘲笑他，只有我沒有笑。因為，他睡在我上鋪。

有人問我：「我今天一直打噴嚏怎麼辦？」

我說：「吃點瀉藥就好。」

他說：「是真的嗎？」

我說：「是啊。你想想，吃了瀉藥，你還敢打噴嚏嗎？」

08 現掛，將觀眾拉進表演

溝通的本質是解決人際關係的問題，而幽默正是讓人與人之間的互動溝通，變得輕鬆有效的最佳武器。

在幽默技巧中，有一個方法叫現掛（ad lib），即互動，就是和觀眾互動，提問題，拿他們的反應來抖包袱。

運用現掛的好處，就是能夠迅速的拉近演員與觀眾之間的距離。舉個例子，每年除夕夜看的春晚（按：中國央視春節聯歡晚會），相聲演員馮鞏上臺時都會對觀眾說同樣一句話：「我想死你們啦！」每次說，大家都會掌聲雷動。為什麼？馮鞏真的想死大家了嗎？也許吧，但在我看來，他是透過這樣的方式與觀眾互動，產生關係，讓觀眾成為自己表演的一部分。

你也可以稍微吐槽一下觀眾。有的時候我在表演時會說：「大週末沒錢出去玩，來看脫口秀，你們怎麼過得這麼慘啊！」大家聽了也開心，因為其實也是在損自己：來看我的脫口秀是打發時間的下策。

很多脫口秀演員問我怎麼訓練現掛本領？現掛其實就是當場想起來，或事前設計好，讓人感覺是現場想起來的段子。你好好寫段子、講段子，現掛自然而然就來了。

現掛對有經驗的脫口秀演員來講是最容易的，也是觀眾非常喜歡的。觀眾喜歡現掛，是因為它的帶入感非常強，覺得自己也是表演的一部分。

當然現掛有一些套路，比如問觀眾是做什麼工作。如果有兩個人坐在一起，那他們的關係有可能是情侶、是伴侶，也有可能只是普通朋友。透過他們的回答，你能得到一些見縫插針抖包袱的機會。

很多時候，你問一對情侶：「你們是一起的嗎？」一個會點頭，另一個會搖頭。或者問夫妻：「你們結婚多久了？」他們可能半天說不出來。觀眾一般會覺得這類情形很逗。

我們可能會有這樣的體會，當一件有趣或者出糗的事，恰好發生在我們認識的人，或者自己身上時，哪怕這個段子本身並沒那麼好，大家也會笑得前俯後仰。

為什麼？因為，我們為段子提供了精確畫面想像的人物形象。

舉個例子，我們說一個《笑林廣記》（按：中國古代的一本笑話集）裡的段子：

一個財主非常摳門，從來沒見他請過客。這天，他家的僕人提一籃子碗到河邊去洗。村裡人見了感到稀奇，就故意逗那個僕人：「你洗這麼多碗做啥？莫非你家主人要請我們到家裡吃飯？」

僕人很老實，聽了問話就回答道：「想要我家主人請客吃飯，除非等到下輩子！」

這話傳到主人耳裡，就大罵那個僕人道：「你怎麼能不經我允許，就輕易許下請他們吃飯的日子呢！」

再舉一個例子：

我的脫口秀俱樂部有個青年演員叫四季。他幫我開場之後，我上去馬上說：「四季這個人很摳門，愛占小便宜。有一次他從外面進來就問我：『我撿了個手機你要不要？』我說不要。他說你不要我要。我說你是不是應該物歸原主啊？他說我剛問他了，他說他不要。」

這個段子現場效果很好，因為大家剛剛在舞臺上看見四季，認識他了。《笑林廣記》裡的那個段子有經典的笑話結構，但因為年代太過久遠，而且跟我們本身沒有關係，所以未必有那麼好笑；但後一個，因為涉及了具體的人，且我們在聽段子時，會腦補那個人物的形象和畫面，所以就會更好笑一些。

現掛的另一個好處是它比較應景，能夠讓你應付演出時的突發事件，把意外變成段子。在一次演出剛開始時，一個坐在第一排的觀眾因為有人在他前面加了一排座位，就和前面的觀眾吵了起來。我都上臺了他倆還在吵。我就說：「這兩位觀眾你們說話樓上聽不到，工作人員能把麥克風給他們嗎？」這兩個人和其他觀眾一起笑了。

09 夠誇張、反差大，才會讓人驚喜

誇張的手段經常會用在類比上。很多人都看過周星馳的《唐伯虎點秋香》。在裡面有一句很經典的臺詞：「小強啊，你死得好慘！」小強是誰？是一隻蟑螂。周星馳把一隻蟑螂，比作自己飼養的心愛寵物，取了個人類的名字，並且極度誇張的為之號啕大哭，這就是典型的運用了反差極大的類比。

我以前在美國上脫口秀節目，上臺的第一句話經常是：「大家好，我是個愛爾蘭人。」這就是一種誇張的說話方式。大家一看我就知道我是中國人，所以很多美國人一聽就覺得好笑。因為，很多美國人起初都來自愛爾蘭，而現在卻經常受到美國人的調侃。

模仿秀是最誇張也是最容易引人發笑的方式之一。以前有很多明星，尤其是那些專上綜藝節目的藝人，基本上都會一點模仿表演，學周杰倫、楊坤、劉歡、張宇唱歌，每次都會引人發笑。只要抓住某人的某個特點，去練習模仿，表演得成功，就會成為你活躍氣氛的法寶。

我之前提過，我在大學時自編自演了一個小品。在那個小品中，我是一個不合格的外科醫生，幫患者做手術時用吐口水和袖子來「消毒」。雖然我設計的小品是不合格的，表演也極為誇張，但在當時臺下還是有很多人鼓掌歡呼。

我後來仔細想了想，也許大家鼓掌並不是因為我演得有多好，而是因為我的表演出乎了他們的意料，給了他們驚喜。他們從沒想過，像我這樣老實巴交（按：形容人規規矩矩，謹慎膽小的樣子）的人，也會表演得這麼誇張。

模仿另外一種文化也是常用的手法。如希臘人個人空間比較小，說話時容易離對方特別近。印度人說話喜歡搖頭，即使說yes（是的）也要搖頭。希臘人和印度人說話就很有看頭。一方一個勁往前湊，另一方一邊後退，一邊搖頭，這讓人想起電影裡被搶劫的場面。

10 別勉強裝嗨，低調也能有梗

低調是誇張的反面。在超級英雄的世界裡，有一生氣就膨脹的浩克，也有會縮小的蟻人。蟻人是個自我感覺渺小，但又起著重要作用的人。在段子創作時，低調可以起到很重要的作用。有一個比較流行的段子：我最近有個五億元的專案。這個專案是有國家補助的。大家擠破頭的想投，已經萬事俱備，就差兩百五十元，你能幫個忙嗎？

以下是低調的案例：

朋友的老闆面試時告訴他，跟著他工作，一定可以「發發發」。後來他才知道，原來老闆的意思是「發微博、發微信、發小廣告」。

我和老婆出門旅遊，上飛機前我說：「糟了，我好像忘記關掉家裡的水龍頭了！」

我老婆說：「嚇死我了，我以為你忘了帶相機。」

朋友去相親，兩人約在公園門口見面，女孩到了之後打電話給朋友，說找不到他。

朋友說：「妳有看到長得高高的、穿紅色衣服、戴帽子的帥哥嗎？」

女孩高興的說：「很顯眼，看到了。」

朋友說：「太好了，我就在他旁邊。」

還有一種低調叫做自嘲：

一個朋友問：「有人誇你大方，是真的嗎？」

我說：「是真的，他說的是我的臉。」

最近我的腿變長了，應該高興，但也沒什麼值得高興的。因為變長的是腿的周長。

假期結束，很多同事帶了特產來公司。

我說：「我帶肉來！」

他們問：「在哪呢？」

我說：「在我身上！」

同事說如果女生送你零食就是對你有好感，但我不覺得是這樣。如果送的是喜糖呢？

我：「我在公司被選為四大美女！」

朋友問：「評選根據是什麼啊？」

我：「年齡大！」

11 聯想，不是電腦，是遐想

聯想是另外一個常用手法（也是一個沒有贊助這本書的電腦品牌）。聯想的過程既可以在脫口秀演員的頭腦中產生，也可以在觀眾的頭腦中產生。比如我說過，現在到處都是英文，而且最常見的一個單字就是 Wi-Fi（無線網路）。

有些人發音不標準，讀成了wife，也就是老婆。其實 Wi-Fi 和老婆有很多共同點，比如沒有 Wi-Fi 時特別想要 Wi-Fi，但有了 Wi-Fi 之後，你就會覺得鄰居家的 Wi-Fi 訊號更強。這時候很多觀眾就開始聯想了。

以下是聯想的案例：

褲子上有洞是一種時尚，是真的嗎？我認為是假的，如嬰兒的開襠褲。

愛狗者問：「你知道狗為什麼從馬桶裡喝水嗎？」

我說：「不知道。」

他說：「因為馬桶裡的水很涼。」

我問：「你怎麼知道的？」（聽眾：他是從馬桶裡喝過水吧？哈哈哈）

車厘子就是櫻桃，是真的嗎？我認為是假的，櫻桃小嘴能叫做車厘子小嘴嗎？

12 應景的幽默，能引起共鳴

應景是用觀眾眼前的場景抖的包袱。我主持過一個《漢語橋》節目。這個節目是一個在美國的線下活動。他們要求我用英語主持。這個節目的主要內容是學中文的美國人用中文講自己在中國的經歷。

開場時，我說：「今天是一個難得的華人說英語，美國人說中文的活動。」這就是應景。

應景可以結合節假日、社會新聞、時下焦點等，這樣會很快引起大家的共鳴。

比如，母親節時，你可以講一些媽媽說過的話：

早上出門前，我媽對我說：「你這麼像你爸，將來怎麼娶得到老婆，運氣這個東西是不遺傳的。」

我弟上學的第一天，我媽在幼兒園門口對他說：「好好發揮你的專長，這是地球上唯一靠好好吃飯就能得獎的地方。」

全家出遊拍照時，我說我不想拍，我媽回我：「你現在不願意拍照，長大後怎麼證明你好看過？」

我媽說：「上學做體操時不要糊弄，轉體運動時就能看見喜歡的人。」

春節能說的就更多了：

親戚都在催婚，你就說：「過完年就結婚，請先給紅包吧。」

家庭聚會上要你表演個節目，你就說：「沒問題，我來表演一段退、堂、鼓吧。」

春節出遊被騙了，你就說：「算了，就當給晚輩壓歲錢吧。」

別人說過年沒有年味，你就說：「你聞聞這個韭菜餡餃子。」

好久不見的親戚說你有雙下巴，你就說：「這叫好事成雙！」

13 你的「孩子」不是你的孩子

方言（按：地方上使用的語言）是在小品裡很常見的搞笑手段，而在小品裡所謂的方言基本上都是東北方言。演員宋小寶小品裡的一些口頭禪就是我小時候和鄰居說話常用的，但沒有想到搬到舞臺上能那麼逗樂。

北方方言的優勢是和普通話相近，比較容易理解。南方方言相對離普通話遠一些，一些純方言的段子很難讓各地的人都理解。這一點讓很多地方的喜劇演員很難被全國認識。

但是南方方言也是可以拿來講觀眾都懂的段子的。春晚小品裡有模仿福建口音的：我的老家是一個以H開頭的省，胡建（福建）。

我的大學同學是重慶人，同窗五年畢業時，我送他到火車上，幫他搶了個座位，離開時他問了我一句話，我當時沒聽懂。大學同學會時他又說了同樣一句：「我的孩子呢？」大家都愣住了，這位重慶同學有孩子了？後來才知道他說的是鞋子。

我常去上海做演出，剛開始還鬧過笑話。我提出一個建議，對方用上海方言說：「靈啊（普通話是很好的意思）。」我以為她是說：「零！」我心想她的意思是在否定我嗎？幸好我問了她到底是什麼意思。

在上海演出時我也講了一個方言梗，我說我

▲廣東話、四川話、東北話、溫州話、上海話五種方言對照。

很高興來到上海，因為我從小看《上海灘》，經常唱裡面的主題歌。然後我唱了幾句那首大家都熟悉的粵語歌《上海灘》。唱完了我說：「所以我從小一直以為上海人講粵語。」

我不會講上海話，但講了一個和上海話有關的謎語：「上海人想上海，猜一個美國地名。」謎底是：阿拉斯加（阿拉是上海話，意思是我、我們；斯加諧音思家）。

英文裡也常用方言講段子。我參演過一個電影《謊言的誕生》，劇組一半是美國人，一半是英國人。即使英語都是母語、都在演藝圈，兩個國家的工作人員溝通起來還是不順，而且相互指責對方不懂英文。

我有一次和一個英國同學在美國的一家餐館吃飯。服務生問我要喝什麼，我說：「Water（水）」服務生說：「OK. Water.」然後問英國人說你要喝什麼？這個英國同學說：「Water.」服務生說：「What?」（什麼？）同學說：「Water!」服務生說：「What?」我當時非常感激這位英國同學，他來自一個發明而且使用英語上千年的國家，他的英語不被人聽懂，我的英語沒有任何問題。

他是利物浦人，那裡人說 water 聽上去和 what 的確有點兒相似。英國前首相溫斯頓．邱吉爾（Winston Churchill）曾經說過：「美國和英國是被同一種語言分開的兩個國家。」

即使在美國境內，不同州的口語也大不相同。很多卡通影片裡都有講美國南方口音的角色，這種口音一般聽上去反應比較慢。美國人說，德克薩斯（按：Texas，簡稱德州）口語是在手術臺上最怕聽

▲英式、美式發音對照。

到醫生說的口音。因為德克薩斯州給美國人的印象就是很落後，到處是牛仔，所以一聽到手術大夫有這口音就開始浮想聯翩：「這個醫生的學歷是真的嗎？他平時用手術刀多還是用槍多？他是開車來的還是騎馬來的？」

我在德克薩斯州上學和工作了八年。我講過一個關於德克薩斯州的段子：「我在德薩斯州生活了八年，所以我決定還是保持中國口音。我其實也試圖入鄉隨俗。我戴了個大牛仔帽、大腰帶，留了個大鬍子。結果大家都以為我是墨西哥人。我說 Howdy partner! 他們和我說 Hola!」（按：Howdy partner 是德克薩斯州人打招呼的方式，意思是「你

▲中式英文，美國記者年會脫口秀影片。

好，夥計！」Hola是西班牙語「你好」的意思。）

新英格蘭是美國的東北部地區，那裡人說話的特點是不發「r」這個音（不發兒化音，和北京話正好相反）。新英格蘭口音也是卡通影片裡常聽到的口音。

亞洲人講英語更是有自己的特色。大家可以在網路上看到我的中式英文（請掃描右頁QR Code）。新加坡人講英語在每句話後面加一個「啦」的聲音。印度口音的搞笑力量大家可能有所耳聞。有位南非脫口秀演員說，電影裡面的大反派絕對不會是印度人，因為他們一講英語大家就想笑。

▲印式英文。

▲新加坡式英文。

14 附加包袱，愛補多長就補多長

任何一個敬業的脫口秀演員都會感覺，自己說的段子其實永遠都不完美。因為，段子的走向和包袱的抖法，都有很多可能性。

簡單的附加包袱就是在抖了包袱之後會再加一句和包袱有關的話，最好是把之前的包袱當作鋪陳，再抖一個包袱出來。

比如我講過一個段子：「我小時候最擅長的體育項目是打水漂。如果打的角度好，石子能在水上跳兩到三次。冬天的時候能跳七、八次。」觀眾腦補冬天在冰面上打水漂的場景會笑。然後我再加一句：「當然，我水漂打得最好的時候是我炒股的時候。」作為附加包袱。

有的時候，附加包袱可以是很長的。

比如全世界都有「第二隻鞋什麼時候落地」的笑話，中國版的則是一個相聲裡的段子：

有個人的樓上鄰居很晚才下班，每天晚上脫鞋的時候把鞋往地上一扔。扔鞋產生的聲音很大，以至於這個人經常被吵醒。這個人就去找樓上鄰居，請他脫鞋的時候輕放。樓上鄰居答應了。

那天晚上，樓上鄰居下班回來，脫一隻鞋扔在地上。他突然想起來樓下鄰居說他扔鞋的時候聲音太大，於是第二隻鞋他就輕輕的放到地上。過了好長時間，樓下鄰居來敲門，問：「你什麼時候要把第二隻鞋放下？我等你放第二隻鞋之後好睡覺。」

這已經抖了包袱了。如果你格外努力，其實故事還是可以往下講。比如第二天晚上，樓下的人聽見樓上鄰居回家，把兩隻鞋都扔地上的聲音之後就安心睡著了。不一會兒，他被第三隻鞋的聲音吵醒了……。

15

回應要響，還要有關聯

回應是一個讓你抖的包袱更耐用的方法，英文叫 call back。這個手法在電影、電視劇裡很常見。

在電影開始時有個貌似無關痛癢的細節，比如男主角給了乞丐一些零錢。之後的情節裡，這個乞丐可能會突然變得很重要，比如會告訴男主角，他在追的女孩往東走了。

在脫口秀裡面，這個手法的用法是——你要先講一個段子，然後在幾個話題之後講另外一個段子時，再用同樣的包袱。

這裡面有兩點很關鍵：

1 你第一次講的包袱要響。

2 第二次用同樣的包袱時最好有關聯。

比如我說，我昨天和老婆逛街，一進商場老婆就沒了。這點和 Wi-Fi 一樣。那麼，第一個段子和第二個回應段子中間應該隔多長時間呢？一般最少要隔一個段子，最多可以隔兩個段子。這個手法在很多地方都特別好用，但不知道為什麼這個手法在上海不大管用。在上海，肢體動作強的段子更受歡迎一些，這也可能是和上海的滑稽劇傳統有關。

16 用身體動作表達情緒感受

肢體動作也是段子創作和表演的一大技巧。美國的金・凱瑞，中國的喜劇演員周立波都是這個領域的集大成者。表演藝術家趙本山在女人面前緊張害羞的低著頭，用腳在地上搓泥的動作也是經典中的經典。我也在舞臺上模仿過冰塊在飲料上面漂浮的樣子。

我們上面講的種種技巧為的都是一個目的：抖包袱。有人問我包袱一般是什麼樣的？有沒有規律可循？我認為任何一個詞、一句話，甚至一個動作和表情都可以是包袱，只要你將鋪陳和節奏設計好就行。

每個脫口秀表演者擅長的技巧都不大一樣，但你的幽默最好有多重技巧，否則也會枯燥。有些二人轉（按：為中國東北地區的走唱類曲藝、地方戲，表演形式通常為一男一女的演員）演員把很大的功夫都下在押韻上面，聽起來很逗，但時間長了也會讓人感到厭煩。

脫口秀從業者應該有個習慣，就是沒事就把自己寫的段子拎出來，看看鋪陳裡面有沒有和包袱沒有關係的字，有的話就剔除出去。

有人問米開朗基羅：「你是怎麼雕刻出大衛的？」他回說：「我把一塊石頭上所有不是大衛的地方都去掉。」

好的段子也一樣，要把不是段子的地方都去掉。這麼做還有一個好處，就是讓聽眾思路更清晰。魔術需要一個美女分神；脫口秀需要觀眾精神集中。**如果你想讓觀眾笑，那就讓大家集中精神**。

當然**最重要的段子寫作技巧就是：不帶手機**。不帶手機才有可能專注，才有可能做事。當然，段子是否好笑取決於觀眾的喜愛程度。這裡面就涉及表演問題了。

我們講了這麼多創作技巧，也聊了段子大概長啥樣。但是怎樣才能完成從鋪陳到包袱的跳躍呢？

我的建議是——你先把自己要講的故事或觀點寫出來，然後用我們上面講的技巧（逆向思維、事不過三等）多寫幾個故事的結局或觀點的結論。然後比較一下哪個技巧更好笑一些。

相信經過對這些技巧有針對性的反覆學習和模仿，逐漸找到適合自己的幽默點後，你一定會完成從鋪陳到包袱的跳躍。

第四章

有梗可聊，走到哪都混得好

01 情話支撐不了愛情，幽默可以

生活中，一對一幽默技巧最可以派得上用場的地方恐怕就屬戀愛了。

很多人，以我為代表，在戀愛時極其自卑。在資源和資訊相對匱乏的年代，我對愛情的理解和想像，還停留在從電影和小說裡看到的那些內容。電影裡的人對情感把控得極其到位，說出的話可以隨時打開對方的心扉。有了這麼高的標準，對比之下的後果就是，我見到女孩就覺得自己會出錯。

有一次見女朋友，本來兩人很浪漫的看煙火，我一時興起對她說：「妳看天上，黃色的是鈉、藍色的是鉀。」對比愛情小說裡的人說：「在愛情裡不需要說對不起」這類話，我的話無疑是好多人吐槽的理工直男幽默了。

多年後我才明白，那些小說、電影都是作家寫的。他們每天寫幾千字、上萬字，一寫就是好多年，最後只有一本書被大家看到，被大家記住。估計這種話，作家當著女人的面可能也說不出來。同樣如此，有時候，你自己想好、寫好的話，在自己喜歡的女孩面前，也很可能說不出來。

情話填不飽，但不可少

大家都想把戀情搞得有意思甚至有意義一些，怎麼做？

第一，放輕鬆。要記住一句話：情人眼裡出卓別林。

我記得只要「笑坊脫口秀俱樂部」裡的一位帥哥一上臺，女孩們就會開始笑。

如果你是個脫口秀新手，想在男朋友或女朋友面前練段子，那其實是很糟糕的一件事，因為能讓認識你的人笑的東西，常常不會讓觀眾笑。

我是一個小地方長大的理工男，我很理解理工男在女孩面前會有多拘謹。在女孩面前想要有自信的一個辦法就是：提醒自己，她其實是看得出來你為她付出的努力，包括你為克服拘謹做出的各種努力。

第二，戀愛就像是一場只有一位觀眾的互動脫口秀。

仔細想想脫口秀的幾個要素和原則：**破冰＋技巧＋累積＋走心**。看上去是不是很像一個完整的戀愛過程呢？談戀愛時，講脫口秀的技巧其實你都用得上，而且你的觀眾要比其他觀眾好應付得多。

首先，她已經做到了其他觀眾不容易做到的事情：她的注意力已經完全放在你的身上。

所以你不妨記住一個自己在朋友圈子裡最受歡迎的段子或者笑話。當然如果是剛認識的女孩，你講的段子一定要得體一些。

沒有哪個演員一上臺就能自信滿滿讓人爆笑的。得先打個招呼，介紹一下自己，鋪陳一下，然後再甩包袱。有時候包袱不響，就需要換個方式再抖一次。

談戀愛也是一樣，不能操之過急，需要鋪陳，反覆嘗試，才能慢慢找出合適的相處模式。

我相信不會有人一點甜言蜜語的話都沒有說就戀愛成功的。所以情話一定要說。

怎麼說？可以用很幽默的方式來說。比如：如果愛上你是犯罪，那我希望在你心裡服無期徒刑。或者：認識你之前我一直想獨唱，認識你以後我想二人轉。有個歷史系的同學在表白時說得很妙：從今天開始讓我們一起寫我們的家譜吧！

在愛情裡你是主角，珍惜這個機會，想如何打動對方的心，就盡情發揮出來吧。

情人眼裡出卓別林。如果在對方面前出現了冷場或者尷尬，也是無傷大雅的。而且情話這種東西無所謂真假，只要是真心喜歡著對方，替對方著想，你的另一半一定都愛聽。你可以在腦子裡先斟酌一下，也可以在上洗手間的時候多練幾次。你有好友的話，可以在他面前先演練一下，如果你都能打動他了，那麼幽默效果也就基本達成了。

別覺得這些努力徒勞無益。女孩如果知道你在逗她開心的路上，花費了這麼多努力和心思，她一定會很高興和感動的。很多人說女孩是被感動以後才墜入愛河的。

這話真實度絕對很高。

吃高雅的浪漫晚餐時，很多人都想表現的像電視劇裡呈現出的那樣，優雅而從容，其實真實情況下你會很拘謹，所以我們不妨表現得笨拙一點，製造出一種反差；看電影時，尤其是恐怖片，男生表現得更膽小一點，女生表現得更漢子一些，同樣能帶來反差的喜感；看綜藝節目時，我們可以盡情拿裡面的主持人和嘉賓尋開心：「看，上一次黃西比女主持人要高，這次怎麼反而矮了？是不是增高墊洗了沒乾，忘記穿了？」

壓馬路時，我們可以選擇說一些自在有趣的話，來放鬆一下緊繃的心情。

送生日禮物時，我們可以選擇一些有烘托氣氛的話語：「我路過櫥窗看到了一條項鍊，覺得高貴、典雅、完美，和妳的氣質很配，所以我用手機把它拍了下來，列印出來送給妳……。」

和一個人在一起是因為愛，而要維持這段關係則需要責任和彼此的信任。就像我們既然選擇站上舞臺，就不能中途退場是相同的道理。如果是因為自身的原因，段子沒有說完就半路下場，這既是對自己的不負責任，也是對觀眾的不尊重。

和脫口秀一樣，戀愛是一個需要不斷磨練的過程。一句話、一個段子，或者一整個約會都沒搞好，沒關係，趕緊再約下一次。如果約不上也沒關係。你就把上次約會要說的話發到她的 LINE 裡，或者寫成信發給她。**世界上永遠沒有「太晚了」的事，只有沒有去做的事**。

一個脫口秀明星能紅起來一方面要講得好、講得逗。另一方面就是要懂得無論遇到任何場合，都能從容展示自己的才能，比如綜藝節目、訪談、影視劇等。不同的場景應該有不同的展現技巧。

戀愛也是一樣，你不能總想著去同一個地方，這是非常偷懶的方法。有人甚至建議在第一次約會帶女孩去不同的地方。因為，在第一個場景下，你可能和周圍其他人一樣，對她來講都是陌生人。換到了第二個場景，你就迅速變成了她唯一的熟人。

世界這麼大，相逢就是緣

但不管朋友、同學如何寬慰你，你還是存在心理障礙，感覺站在女孩面前就會非常沒有自信，這種情況該怎麼辦？

我有一個非常內向的朋友，好不容易鼓起勇氣追到了自己喜歡的女生，那女生其實也非常喜歡他，可是快要結婚時他卻退縮了。他總是擔心自己沒有能力給女孩一份好的生活，他又不願意把這份擔憂和女孩分享，因此陷入了深深的苦惱，整晚睡不好覺，脾氣也因此變得越來越大。

我勸說過他，他聽從了我的勸說，向我借錢結了婚，給了對方一個交代。雖然現在他和他老婆已經好幾年不和我聯繫了，錢也沒還我，但據說倆人過得可好了。

即便一段感情最終以失敗告終，我們也不要因此悲傷和陷入自我貶低。這就像一場脫口秀走到了尾聲，即使沒有人喝彩，我們也要學會禮貌的鞠躬謝幕。即使演出的效果可能沒有達到預期，但是你要感謝人家讓你知道了哪個段子值得保留、哪個段子得扔掉或者需要重新修改。這是對他人的感恩，也是對自己所做一切的肯定。

能在一起就是緣分，時間再短，也是美好的回憶。難道不是這個道理嗎？戀愛時，大家對未來都充滿了無限期待與憧憬，所以當走到了失戀的地步才會變得如此痛苦。這就像是幽默，充滿了對不完美人生的各種生動臨摹與刻畫。所以，沒有一定閱歷的人，不會明白參透幽默裡蘊含的人生真諦。

德國詩人歌德（Johann Wolfgang von Goethe）說過：「沒有在長夜痛哭

過的人，不配談人生。」讓自己專心難過一段時間以後拿自己開開玩笑，然後交新朋友，不行就來次說走就走的旅行。閱盡千帆後，你就會豁然發現，與這世間各種愁苦相比，自己那點愁情煩事是何等渺小，又何必放在心頭久久不能釋懷呢？

聊天定勝負，選對話題好感度加分

我記得第一次有中文媒體報導我講脫口秀的事時，他們用了一個詞來形容我：其貌不揚。我當時吃了一驚。之前，很少有人告訴我，說我長得醜。看了這個報導之後，我回顧了一下自己「自以為帥」的人生。

那個時候，我為了吸引女孩的注意，故意不去和她們說話，只是安靜的站在角落裡，好讓我的魅力自然而然發散出來。不知道有多少理科直男和我有著同樣的想法，做一枚安靜沉穩內斂的美男子，期待著別人發現你與眾不同的魅力。其實這招並不好使，尤其當你的顏值中等偏下的時候。

我對我的太太是一見鍾情，因為她有我見到過的最美的笑容。為了追到她，我使出了渾身解數。當她最終同意我們見面時，別提我有多開心了。只是當我提出想和她繼續約會時，她卻告訴我她已經有男朋友了。我當時很沮喪，猶豫著是不是應該放棄對她的追求。但是內心對這段戀情的渴望，還是讓我鼓足勇氣繼續追她。

我想了一大堆想說的話、想做的事，但真的見到她的時候，卻完全無法用任何語言表達出我波濤澎湃的心情。於是，我想到了一個補救的辦法：寫信給她。在信裡，我可以把我想說卻說不出口的東西都一筆一畫的寫出來。我寫信的水準不高，用的辭藻也不夠華麗，但最起碼我這個理工直男盡了我最大的努力，我相信我一定能感動到她。

當今時代，很多人戀愛的第一步是從相親開始的。假如你要去相親，事先看了照片和資料，覺得對方有可能是你心儀的女孩，那麼為了討對方歡心，你就必須得做好準備。哪方面的段子對方可能會喜歡？

如果對方是金融從業者，你可以和對方講一些與金融相關的內容，比如銀行、股票等。

如果對方是文藝青年，你們可以聊聊喜歡的電影、作家、音樂之類的。

如果對方只是普通的辦公室白領，你可以準備一些職場、網購、寵物、時尚之類的段子。

如果對方是做媒體的，那麼社會焦點話題是必不可少的，這樣的段子要具有一定的話題和時效性，所以不妨提前在網路上，多搜集一些相關的內容和素材。

最關鍵的是，話題中如果多了幽默段子，那聊天的氣氛一定會瞬間熱絡起來。
還有一些通用的段子，不管對方什麼職業都會喜歡，比如房價、娛樂八卦、情感等。
如果對方是個女脫口秀演員，那你最好閉嘴，趕緊結帳走人，因為她們也許並不是在相親，而是想從你身上找點素材寫段子。
相親之前應該做好最壞的打算，很多相親對象的問題都會非常直接甚至很殘酷，比如會直接單刀直入的問你有沒有買房的打算，在哪裡買房？父母是住都市還

↓適合約會使用的段子。

工作類別	適合使用的段子類型
金融從業者	與金融相關的內容，如銀行、股票等。
文藝青年	聊喜歡的電影、作家、音樂。
普通的辦公室白領	準備與職場、網購、寵物、時尚相關的話題。
媒體從業人員	社會焦點話題。

是農村？月薪多少？這些問題很難躲得過去。尤其是在都市裡，大家的時間成本都很高，都會想盡可能快速的挖到對方的詳細情況。

在做好最壞打算的同時，你還是要盡量讓整個溝通過程多一些歡聲笑語，可以講講段子和好玩的個人經歷。同時，盡量多了解一下對方的興趣愛好，這樣如果對方對你感興趣，就知道下次約會可以做些什麼了。

02

開得起玩笑，是好朋友間很重要的事

我顯然是個「見色忘友」的人，現在才想起來要講，怎麼讓自己和朋友相處融洽這個話題。

有人說知己是人生最大的財富，沒有友誼的人生不叫完整的人生。我也是這樣認為的。心理學家們也在宣導，每個星期要和朋友或閨密至少聚會一次，不管是喝酒、聊天還是唱歌，這樣非常有利於身體的健康。

俗話說，患難見真情。當你患難時，是否有一些能陪你一起共度難關的朋友呢？我交往的朋友中，很多都是從小一起玩的摯交。

我到現在都清楚的記得，我們玩玻璃球的起點線，用的是一堵牆投下的影子。隨著時間的推移，影子的位置一直變。有一天，幾個小朋友玩得正起勁時，班導突然出現了。她要我們幾個人站成一排，在每個人的小腿上用高跟鞋狠狠的踢了一腳，然後警告說，如果我們不老老實實的回家，她會把我們都送到勞改（按：實行勞動教育以達到改造其思想行為的目的）學校。

二十多年後，我爸得了腦膜炎。當時，我遠在美國，不能及時趕回國內。那個陪我玩玻璃球的玩伴，在北京叫了救護車把我爸送到醫院，使我爸及時得到治療，才逃過了鬼門關。

大家都喜歡和相處起來開心並且幽默的人成為好朋友。無論是在學校，還是在公司，那些能逗大家開心的人也都很有人氣。很多喜劇演員小的時候是大活寶，但也有很多不是。很多人在舞臺下面很逗，一上了舞臺反而什麼搞笑的段子都說不出來了。

聊天沒話題，就說自己的故事

與朋友交往和講脫口秀的規律一樣。首先要讓對方慢慢了解自己。每個人都有幾個自己成長過程中的故事、趣事。這些故事一般都是自己家人都聽膩了，但可以講一些給新朋友聽，以便拉近距離。

我有個朋友就曾經和我們說起，她在北大附中讀書時有一次被車撞了。去醫院檢查後，醫生說沒事可以出院。她回家後實在痛得受不了。第二天她爸用腳踏車又把她送到醫院，結果內出血，需要馬上住院。校長還特地來看她，說是聽說北大附中有兩個學生被車撞了。後來她發現，另一個被撞的孩子上的是人大附中。

她當時心裡真實的想法是：怎麼可以把我一個北大附中的學生和一個人大附中的學生相提並論呢！一聽到這樣的故事你就能明白：這一定是個爭強

好勝、不肯認輸的學霸了。

我剛回國的時候，常有朋友問我美國是什麼樣子？是不是也很愛攀比物價、房價、飲食習慣、興趣愛好？但我自己更喜歡講一些美國普通人的故事。我是草根脫口秀演員兼「二等公民（非白人移民）」，對當地老百姓的生活更了解。

用微笑道別

我有一位來自內布拉斯加州（按：State of Nebraska，位於美國中西部大平原區）的朋友叫史蒂夫，人長得帥，性格又開朗，跟周圍的人相處得特別融洽。

我們公司的幾位同事喜歡一起玩德州撲克。一般太太總是不大喜歡我們玩牌，但是史蒂夫卻總有辦法把太太哄得開開心心的同意他去玩。

有一天我們突然驚聞史蒂夫因為夜遊症，大半夜的從三樓摔下來與世長辭的噩耗。當時他才三十歲，大家都非常難過。

史蒂夫的葬禮安排在麻省理工學院（按：Massachusetts Institute of Technology，縮寫為MIT）的教堂舉行。他的家人、公司主管和同事紛紛上臺致辭表達對史蒂夫離去的不捨和悼念。

輪到我上臺時，我環顧了一下四周，發現大家都流著眼淚沉浸在悲痛的氣氛中。是呀，一個這麼好的人三十歲就這樣走了，也真是沒有天理啊！但是史蒂夫希望為他送行的，除了親朋好友間的道別和眼淚，是否還有其他的什麼東西？

我想應該是笑聲，那些他生前和我們相處時最留戀的笑聲。

所以我講了一個名叫「西方墨點法」[1]的實驗。

曾經有一次他信誓旦旦的對我說：「今天是我的西方墨點法星期一！」後來我們這些理工直男發現其實他還有「西方墨點法星期二」、「西方墨點法星期三」，都會心的哈哈大笑。

現在聽起來這可能不是一個特別好的段子，卻從側面襯托出，他做實驗即使不成功也不輕言放棄的那股子執著。

在這個悲哀沉重的場合裡，講了個段子也是一種情緒的釋放，所以大家都笑了。

你也許會說葬禮上講段子，在美國可以，但在東方國家可絕對不行。

我個人覺得這要分場合。在現代都市環境下，同事、朋友有可能比家人還要親密，講個和死者生前有關的段子，可能還是個比較好的釋放悲哀情緒的好方法。

友誼是日常的累積

我認識一個脫口秀演員，夢想去籃球名人堂。這個名人堂坐落在麻州春田市（Springfield），離波士頓大概只需一個半小時車程。這個四十多歲的朋友一輩子住在波士頓，在那裡出生、長大、上學和工作。他常常提起想去籃球名人堂的事，卻一次都沒有去過。對我這個不遠萬里，從中國來的朋友來說，簡直是匪夷所思。

---

1 西方墨點法（Western Blot），即蛋白質轉漬法，也叫免疫墨點法試驗，是分子生物學、生物化學和免疫遺傳學中常用的一種實驗方法，現已廣泛應用於基因在蛋白水平的表達研究、抗體活性檢測和疾病早期診斷等多個方面。

二〇〇八年金融海嘯，我看見美國朋友家突然多了兩輛車。我一開始還很好奇，為什麼經濟這麼不好，他們還買得起車？後來我才發現，原來是美國朋友的孩子丟了工作，搬回來住了。很多失業的年輕人寧願在星巴克坐著喝咖啡，也不願意出去闖一闖。

幾個朋友在一起，大家說的段子大都是大家的共同朋友（尤其是當時不在場的朋友）的故事，所以，朋友聚會得去，否則他們談論的內容很可能與你有關。隨著聊天時間的延長，話題也逐漸枯竭。這時候就需要一些搞笑的段子來活躍氣氛了。你那些儲備的和新創作的段子也就有了用武之地。

我在做第一份工作時需要和年輕的朋友打交道，所以經常會約著一起去學射擊、玩桌球、打高爾夫、打網球或者在酒吧聊天等。那時候大家常拿一個加拿大工程師同事尋開心。這個工程師特別自大。大家在談起這位同事時調侃道：「吉姆是我們公司最好的工程師。」我說：「這話說得可不對。正確的說法是，我來之前，吉姆是我們公司最好的工程師。」大家聽完後忍不住哈哈大笑。

在這位工程師看來，每次他的工作出了問題，都是別的同事的問題，或是我們的競爭對手偷偷來搞破壞造成的後果。當時我們的競爭對手遠在千里之外的加利福尼亞州，他的藉口一聽就是杜撰出來的。連公司高階主管都會背著他抱怨：「真想在他肚子上打一拳！」但大家都是有涵養的人，不想當他的面讓他難堪。我倒是有一些東北人的脾氣。有一次，他又在不懂裝懂瞎掰。我實在受不了了，衝他吼了幾句。他一氣之下回家了。

等氣消，我覺得很過意不去，於是向他道歉。他不僅原諒了我，而且還把我當成了他的朋友。就這樣，我成了這個大家都不喜歡的人的唯一朋友。

儘管因為和他成了朋友，我得聽他吹牛，唱他編的歌曲，而且失去了其他極其討厭他的朋友們，但我還是學到了一個教訓：不能亂發脾氣，否則你可能會有一個大家都不想有的朋友。當然，這種教訓不是吃幾次虧，就能記得住的。

擇友要慎重，是很多人都會講的話。所以脫口秀要素裡的累積和走心就用得上了。和積累段子一樣，你要學會積累和朋友相處的故事或段子，而且要走心。如果你想交真心實意對你好的朋友，你就要先表現出你真心誠意的姿態。

歲月是一把殺豬刀。而對脫口秀來講，歲月是一把刻刀，它把你的幽默感精雕細刻，成了最好的段子。友誼也是一樣，最真摯的友誼是經得住歲月考驗的。

03 求職面試可幽默，但不要無厘頭

面試，一方面決定了面試者能否找到一個合適的工作養家餬口，另一方面，又關係著公司能否找到可以幫助公司共度難關的重要夥伴，所以面試對雙方都至關重要。面試時適當用一些小幽默，會讓大家對你的印象更加深刻，從而大大提高錄取率。面試前，用人單位一般已經對你有一定的了解，知道你符合他們的基本要求，要你來面試很大程度上是因為對方想知道你們是否合得來，能否一起共事。

曾有人問過我的美國導師這樣一個問題：「今天感覺怎麼樣？」他說：「今天是我灰暗人生裡最黑暗的一天。」之後，我的導師就被錄取，成了助理教授。拿自己開玩笑在這裡使用得非常合適。當然，他能拿到這個位置說明他具有很強的實力。很多人實力都很強，這個時候就要看誰能夠更好的展示自我了。

這個例子裡很明顯的一點就是——面試者其實可以提前做很多準備。你可以多準備一些幽默的小段子以備不時之需。這份後備計畫很重要，因為它可以讓你知道自己的退路在哪，讓你更有自信。

首先，我們可以在自我介紹時就植入幽默。這點我們前面提過。我們可以找到自己名字的趣味點，並將這個趣味點，植入自我介紹之中。比如我有個朋友叫張海飛。自我介紹時他就說，你記住海飛絲（按：即海倫仙度絲）就行了。如果你的名字沒這麼有特色，比如劉衛東。你可以說：我叫劉衛東，劉衛東的劉，劉衛東的衛，劉衛東的東。這樣你至少提了四次自己的名字，可以讓對方深刻記住你。

當然，面試時最重要的，還是要具備匹配這份工作的能力。當你具備了這項能力之後，如果能進一步用幽默包裝這項能力，就能使這項能力更加光彩奪目。

比如有一次我去脫口秀俱樂部面試。老闆就問我最擅長什麼。我想了想說：「我白天在實驗室工作，我最擅長的事情就是研究癌症。我發現癌症病人最需要的不是抗癌藥，而是快樂。所以我想改行說脫口秀。」

老闆很欣賞我說：「我被你的才華和目標感動了。要不然，你先去門口拉兩個客人進來消費，我就讓你上臺表演。」

還有面試官最喜歡問的一個問題：「你為什麼從上一家公司辭職？」這個問題其實充滿了陷阱，你說上家好也不對，說上家不好那更不對，因此你可以回答得模糊一點，比如「我其實是為了實現自己的理想！」

當然，最後一定要了解薪資待遇等諸多問題。對方也許會問：「你對薪資待遇有什麼標準和期待？」我知道，這類問題，我們似乎不好意思或者不方便直接說出口，那我教你們一個辦法，既能讓你覺得不尷尬，又能準確表達你的願望。

你可以拿出手機，打開通訊軟體，然後給他們看一則訊息。

「其實我這人怎樣都無所謂，但我女朋友是個有所謂的人。這是她對薪資待遇的要求，我無條件服從她的旨意。」

面試和相親一樣，爭取對方的好感很重要。所以，面試中你要注意運用人格觀察技巧。如果對方是外向型的，你可以問她／他一些關於他們公司、甚至是個人愛好的話題。如果你已經把自己想說的，自己簡歷上沒有的話都說完了，不妨讓外向型的對方多說一些。如果對方偏內向型的人格，你可以稍稍誇一下對方或對方的公司，或拿自己開個小玩笑。如果對方偏理性的人格，你可以就一件具體的事分析一下你的觀點和想法。有了這些和對方性格吻合的溝通方式，面試官對你的印象分數肯定會大大提高。

⬇ 如何讓面試官對你印象加分。

面試官人格類型	應對技巧
外向型	問她／他一些關於他們公司，甚至是個人愛好的話題，或是讓對方多說一些。
內向型	稍稍誇一下對方或對方的公司，或拿自己開個小玩笑。
理性型	就一件具體的事分析一下你的觀點和想法。

04

有梗的人，總能混得風生水起

九五％的人選擇工作時既想獲得穩定的收入來源，同時又希望工作能夠輕鬆自在。但很遺憾，在現實生活中，大多數人需要把人生大部分時間和精力都投入到工作中去。在工作之餘，與同事的聚餐也是避免不了的。我們可以盡量不出風頭，默默保持自己的人設，不要刻意去討好主管或者過分親近其他同事，同時在別人拋過來話題時，能夠運用自己的幽默接上話。

比如你在與同事閒聊時可以說：「你怎麼吃那麼少啊？是不是在替我減肥啊？」這既恭維了對方，又拿自己開了玩笑。

當然，最好是你有一項專屬技能，能讓你一鳴驚人。我有個朋友，他不怎麼愛說話，但他唱歌唱得非常好。每次同事聚餐時，他很少說話。而當我們聚餐之後去KTV唱歌時，他馬上就可以震住在場所有的人。

很多時候，你能不能放鬆取決於你對環境的熟悉程度。我曾有六年沒去KTV，有一次因為合作夥伴的關係去了一次。有個女孩過來對我說：「我唱歌時，你為什麼盯著我看？」其實，我是覺得她在表演，我作為一個合格的觀眾最起碼得看啊。而且我還很同情她，因為在她唱歌時，周圍的人都在聊天喝酒吃東西。

和同事相處的關鍵是要學會認真聽對方在說什麼。然後，你可以用即興喜劇中的同意技巧「Yes, and」，先表示同意或者同情，繼而用脫口秀創作技巧來抖幾個包袱。

這種做法的好處是會讓對方覺得你有在認真聽他／她說什麼。

和客戶之間的溝通也是。中國人自古注重人情往來，是禮儀之邦。相較而言，美國的人際交往則顯得更為直接。比如我在美國時，和大衛・賴特曼（David Letterman）的公司員工一起去好萊塢聊情景喜劇或脫口秀節目。開會之前，我的經紀人說，我不用刻意去逗大家笑，來證明我是個幽默的人，因為大家能在一起開會，就說明對方已經認可你。大家主要把精力用來聊節目形式和合作方式就行了。

在東方國家，如果想盡快把業務展開，或把自己的想法賣出去就必須很快和客戶拉近關係。在大城市喝酒談生意的事情逐漸少了，但一些應酬還是很重要。

如果你能夠用幽默來迅速拉近與對方之間的距離，就能占得優勢，節省時間和精力。這時候需要你做些功課，比如要對對方的年齡、個人經歷、喜好等提前有所了解。然後根據這些資訊講些相關的段子。這裡面的套路，可以參考一下我們之前聊的相親和面試的幽默技巧。當然，這個時候最好不要拿對方吐槽。拿自己尋開心是永遠沒問題的。

05

我從小聽你的歌長大

在婚禮上需要發言的情況常常會發生，不過好處是，作為嘉賓的我們雖然上臺了，但並不是現場的焦點，所以可以放鬆心情，不用太緊張。

那該說什麼呢？這裡面也有一個訣竅，就是盡可能說些調侃新郎的笑話。一方面，今天是朋友大喜的日子，你調侃他，他不但不會生氣，還能證明你們之間的關係有多親密；另一方面，臺下的嘉賓並不在意你們之間的友情有多好，他們只想求個樂子。

我覺得最有意思的是，郭富城結婚時，他岳父說的話：「我從小聽你的歌長大！現在我把女兒交給你，希望你好好對待她。」

諸如此類。但記住，出於對女性的尊重，盡量調侃新郎，而不是新娘。

那和親戚朋友間的幽默呢？

這個其實也不難，大家可以把自己想像成一個脫口秀演員，想辦一檔自己的專屬脫口秀節目，而這些叔叔、阿姨就是你的金主。知道該怎麼辦了吧？三個字：**使勁誇**。

在與另一半的父母見面的時候：

「〇〇給我的印象一直是非常有家教，今日見了您二位，我才知道自己的感覺沒有錯！」

「阿姨，妳氣質真好，以前是不是拍過廣告？我好像在家裡掛曆上看過妳的照片。」

當然，要記住，你在老人面前無論怎麼誇，在適當的時候也要嚴肅一下，比如談到對愛人的情感和責任上一定要語氣嚴肅誠懇，否則容易給人留下油腔滑調的印象。

聚會的時候，尤其是與一些不是特別熟的人聚會時，難免都會有突然大家都沒話可說的場景發生。這種冷場是有改變的方法，可以說：「哇，感覺現場好尷尬啊！」因為這話應景，所以大家可能會笑起來。但是如果大家笑完之後還是沒話說，那就更尷尬了。所以解決冷場最好的方法就是要有段子儲備。

比如，你去參加孩子學校的活動，與其他家長待在一起。大家不熟，但又好像必須說話，怎麼辦？不妨甩一個段子。

「昨天孩子在親戚朋友面前誇自己的父母，結果我太太卻很不高興。」

這時候對方肯定好奇，問：「他說什麼了？」

「說我倆有夫妻臉。」（我顏值不高，妻子聽了肯定會不高興。）

隨著笑聲的出現，現場氣氛很快就會變得輕鬆。

06 怎麼和父母愉快溝通？陪聊就夠

現在很多子女住的地方離父母比較遠，不經常回家，即使抽時間回家看父母，也總是在看手機。

我也不例外。終於有一天我覺得這麼做太對不起我爸媽，我決定不帶手機去看他們。到了那裡才發現，他們倆一個勁的在看手機！

我在美國時，每週都會打個電話給爸媽報平安，偶爾也會抱怨一下。每次當我抱怨時，我爸都會說：「會好起來的。」我當時覺得我爸過於簡單、過於樂觀。但過一段時間我發現，在艱難時的確需要有簡單的樂觀，甚至盲目樂觀也會有幫助。

在有孩子以後，我才明白父親為什麼老是那麼樂觀，彷彿在他的天空裡沒有一絲烏雲，儘管他年輕時經歷過自然災害、戰爭的動盪、工作單位業績不好等問題。因為，在孩子面前自己的問題都是小事，兒子的成長和健康才是最重要的。

我曾經是一個很怕小孩的人，覺得他們不知道什麼時候就會哭鬧起來。但當自己有了孩子以後，我的觀點發生了很大的變化。我已經完全想像不出來怎麼能沒有孩子。

在我兒子兩歲多時，他的幼兒園老師對我說：「你兒子講段子給我聽，而且他講段子給我聽的時候，知道自己是在講段子。」

我兒子經常要求我講故事給他聽。我接送他去幼兒園的路上，他就會說：「爸，你講一個關於電線桿、樹和郵筒的故事給我聽吧！」或是：「爸，你講一個關於蜘蛛人、超人和雷神的故事給我聽吧！」我就編故事給他聽，有的時候，說著說著就能把他逗笑了。但很多時候他會逗我笑。為什麼孩子帶給我們這麼多笑聲？因為，他們天真，善於模仿。天真可以戳破很多成人世界的附庸風雅和墨守成規。

我問我兒子：「你想要孩子嗎？」他說：「不想要。」我問：「為什麼？」他說：「有孩子多煩啊！」

孩子成長需要父母的細心照料、陪伴和嚴格要求，同時也需要歡樂。在孩子小的時候，你講幾個簡單的笑話，或者謎語等，可以輕易把他逗樂。我一直喜歡和兒子傻玩，逗他開心，所以他好長時間都以為我挺傻的。到了初中他有幾個數學題目不會做，在我幫他做出來之後，他大吃一驚：「爸，你其實挺聰明的啊！」

我常常在晚上講完脫口秀以後就立刻回家。其他演員說我像一個忍者，突然出現又突然消失，很少和大家在演出結束後一起喝一杯。我在《大衛深夜秀》節目裡的表演播出的時候，大家在一個酒吧裡看這個節目，邊看邊歡呼。而我自己當時正在家哄小孩睡覺。

我剛回國時在一個節目錄製過程中提道：「我感覺很孤獨，因為我的老婆、小孩還在美國。」工作人員告訴我說，你這麼講大家不會同情你，還會以為你是在炫耀老婆、小孩在國外的事。

在一次採訪中，房地產商人任志強曾說過：「很多員工會把老婆、小孩留在教育條件好的城市，自己則在另一個地方工作。」我說我是捨不得這麼做的。他說那等你的小孩長大成人以後，你要做什麼？任總的分析不無道理，很多人的成功是犧牲家庭生活換來的。

怎麼和自己的父母愉快溝通呢？之前講過小孩能夠給我們帶來笑聲。小孩能夠逗大人笑最重要的原因就是，他們是我們的孩子。記住這一點，你就知道怎麼和父母愉快溝通了：你只要和他們聊聊天就行，只要對他們真誠一點就行。在父母心目中，你一直就是他們的喜劇明星，你的童年和少年時代就已經在他們心中樹立起了喜劇明星的地位，你的出現本身就可以讓他們開心起來。

這就是家人。

尾聲

不斷試，不怕錯，我永遠「梗」在路上

我寫這本書的目的是輸出一個觀點：人生和社會極其複雜，好像是一場永無休止的競爭，但不管輸贏，千萬不要忘了活得開心才是最重要的。

我的一個朋友說：「你幼兒園學會了二加二等於四。我小學三年級才學會，但我也學會了。」即使你暫時比別人落後一段，也可以透過慢慢的學習趕上去，同時可以在其他方面超過別人。

在使用信用卡上雖然中國比美國落後好多年，但這卻是後來行動支付飛躍發展超過美國的一個先天優勢。

我們常在電影裡，尤其是美國電影裡，看到藝術家突然獲得靈感而大獲成功。我們也有一句話叫做一夜成名。我們當然不排除這種可能性，也不能說你永遠不會中彩券，但我們可以基本上按照這類事情不會發生的情況去安排自己的生活。如果你想靠幽默成功，那就得同時做好不成功的打算。

「不成功為什麼還要去做？」我認為主要是因為愛。

如果你嘗試一件事情失敗了，但還想去做，那這件事可能就是你應該終生為之奮鬥的事業。我做過很多事，如科學研究、高爾夫、射擊、舞蹈等。但這些事情我失敗了幾次就沒興趣了。唯獨脫口秀，我講砸了，還想去講；別人說我講得不好，我還是想去講。由此，我發現我愛脫口秀，這應該就是我終生為之奮鬥的事業了。

保持幽默心態的一個辦法就是把人生當成一場戲，用看熱鬧的心態來看待自己的人生、自己接觸的人和事，然後把這一切都編成段子並付之一笑。這樣可以讓人生更輕鬆一些，讓大家的理解和溝通也更容易一些。把自己的人生過成像情境喜劇的樣子是種能力，是種讓自己幸福的能力。

那就用時間把悲劇熬出喜劇的色彩。

有的時候甚至都不需要時間。看《港囧》這部電影時，大家笑得最厲害的時候，就是三個主角在樓頂連罵帶訴苦那一段。人生其實很奇怪，雖然每個人的人生境遇不同，但到了最後結局都是死亡。而且年紀大的時候反而是活得最明白的時候。這是這個世界上最大的笑話，也是最大的一個悲劇。就看你怎麼去看它。你可以選擇把它看成是悲劇，也可以把它看成是喜劇。

我和很多其他脫口秀演員一樣，把人生這種徒勞看成一個大笑話。在人生這個大笑話裡，我們每天、甚至無時無刻，都在看到和想到小的笑話和幽默。美國喜劇演員米爾頓·伯利（Milton Berle）曾經講過一個關於年齡的段子：我一把年紀，買香蕉都不敢買綠的。意思就是怕活不到香蕉熟了。

我們永遠不知道未來是什麼樣子。我也不試圖把一個天性悲觀的人改成樂觀的人。但是不管你是悲觀派，還是樂觀派，你都可以活得開心。這聽起來比較矛盾：悲觀的人怎麼會開心呢？

那就用我們書裡聊過的各種技巧和辦法，把自己的窘迫編成段子寫出來或者說出來。如果你用書中的技巧和辦法編寫的段子能夠博得你會心一笑，那麼我晚上睡覺都會樂得露出後牙槽的。

最後祝大家都能夠找到不怕試錯，敢於不斷迎接挑戰的勇氣，成為一個幽默、自在、隨心的生活弄潮兒（按：比喻有勇敢進取精神的人），給別人帶來歡樂，也給自己帶來純粹的快樂。

附錄

黃西經典語錄

■ 有些明星在微博上說自己家沒衛生紙了，粉絲馬上寄來了一屋子衛生紙。於是我也在微博上說我家沒衛生紙了，我的粉絲寄了我的書給我。

■ 為了尋求精神安慰，我去練了氣功。我的師父告訴我們，要在大樹下蹲馬步練功，一直蹲到腦子裡一點想法都沒有，「氣」就會來了。我苦練了兩個多月，終於有一天，我突然感覺：「咦？我腦子裡真的一點想法都沒有了！」但我又一想：「剛才那個不就是一個想法嗎？」我當時氣就來了。

■讀研究所時，有個美國同學因為壓力太大去看了校園心理醫生，心理醫生開了些氟西汀給他。我也去看了同一位心理醫生，希望他也能開一些這種藥給我。

■他問我：「你是佛教徒？」我說：「不是。」他說：「你應該是。佛教裡講，人生就是苦海。學會放下這些痛苦吧。我推薦幾本佛書給你看。」

■有一次我撿了幾個舊床墊（mattress），想問我的教授需不需要一個。我問他：「你需要一個 mistress（情婦）嗎？」他難為情的說：「我已經結婚了。」我說：「你結婚了也需要 mistress 啊！我有兩個，可以給你一個！」

■上初中時學校沒有暖氣，要求學生帶煤上學。有一次我忘記帶了，老師要我去教室外面罰站。我沒有帽子，也沒有手套。此時，英語老師過來把雙手捂在我耳朵上。我的眼淚差點流出來了，因為他的手比我耳朵還涼。

■一個新司機上班，同事問他來的路上還順嗎？他說很順。接著又說：「我自己開車開得很順，但就是不知道為什麼，路上有好幾百人在逆向行駛。」

■我這個人不相信星座。因為，我認為人應該主宰自己的命運。水瓶座的人都這麼想。

■我和朋友去健身房健身。健身剛結束，朋友想吃巧克力。
我說：「剛健身完不能吃東西。」
朋友問：「那要等多久呢？」
我說：「別人我不知道，反正我至少要等一分鐘。」

■很多人說：「外國的孩子是誇大的，中國的孩子是罵大的。」
但其實我爸從小到大一直誇我：「你真行！全班四十五名同學，你能考四十三名。你真行！」

■我向女孩表白說：「我能做妳的男朋友嗎？」

她說：「我們還是做朋友吧！」

我說：「太好了，我已經成功三分之二了！」

■老闆說：「有同事業績好，有獎金；有同事工作態度好，有獎金！」

我問：「那我哪裡好？」

老闆說：「你想想就好！」

■有的人說，我最喜歡藍色；有的人說，我最喜歡綠色；有個女孩說，她最喜歡粉色。別人問：「哪種粉？」她說：「酸辣粉！」

■我說：「我最近很倒楣，打麻將三缺一，玩鬥地主三缺一！」

我的單身朋友說：「那有什麼，我談戀愛一缺一。」

■我說：「自從我辦了健身卡後，就有了一種參加奧運會的感覺。」

朋友說：「是一種運動的感覺嗎？」

我說：「不，是四年去一次！」

■ 水果掛起來就會壞得比較慢，是真的嗎？

是真的，因為它們就會以為自己還長在樹上。

■ 朋友聚會，有個朋友說：「我現在是個固體和液體空間位移專家。」

其他人說：「這太深奧了，能講白話一點嗎？」

他說：「就是外送員呀！」

■ 一個朋友的兒子叫天天，特別高冷，誰跟他說話，他都不應聲。

朋友生氣的說：「天天你這孩子怎麼這樣，一點禮貌都沒有。」

朋友老婆說：「別怪孩子，俗語說得好。」

朋友說：「俗語怎麼說的？」

老婆說：「叫天天不應啊。」

■ 我記得有次過年和兒子一起回東北老家，結果出門後才發現，新買的衣服有點緊，但為了趕飛機也來不及換了。兒子安慰我說：「爸，你這叫『衣緊（錦）還鄉』！」

■ 最近幾個哥們兒都超級缺錢。我說：「你們錢都花哪了？」一個說，陷入了姊弟戀，為了證明自己有實力使勁砸錢；另一個說，陷入了異地戀，得跑來跑去；最後一個IT男說：「我……陷入了區塊鏈。」

■ 在我上大學那時，有個室友不小心尿床了。別人都嘲笑他，只有我沒有笑。因為，他睡在我上鋪。

■ 有人問我：「我今天一直打噴嚏怎麼辦？」
我說：「吃點瀉藥就好。」
他說：「是真的嗎？」
我說：「是啊。你想想，吃了瀉藥，你還敢打噴嚏嗎？」

■ 我的脫口秀俱樂部有個青年演員叫四季。他幫我開場之後，我上去馬上說：「四季這個人很摳門，愛占小便宜。有一次他從外面進來就問我：『我撿了個手機你要不要？』我說不要。他說你不要我要。我說你是不是應該物歸原主啊？他說我剛問他了，他說他不要。」

■ 朋友的老闆面試時告訴他，跟著他工作，一定可以「發發發」。後來他才知道，原來老闆的意思是「發微博、發微信、發小廣告」。

■ 我和老婆出門旅遊，上飛機前我說：「糟了，我好像忘記關掉家裡的水龍頭了！」我老婆說：「嚇死我了，我以為你忘了帶相機。」

■ 朋友去相親，兩人約在公園門口見面，女孩到了之後打電話給朋友，說找不到他。朋友說：「妳有看到長得高高的、穿紅色衣服、戴帽子的帥哥嗎？」女孩高興的說：「很顯眼，看到了。」朋友說：「太好了，我就在他旁邊。」

■ 一個朋友問：「有人誇你大方，是真的嗎？」

我說：「是真的，他說的是我的臉。」

▪最近我的腿變長了，應該高興，但也沒什麼值得高興的。因為變長的是腿的周長。

▪假期結束，很多同事帶了特產來公司。我說：「我帶肉來！」

他們問：「在哪呢？」

我說：「在我身上！」

▪我：「我在公司被選為四大美女！」

朋友問：「評選根據是什麼啊？」

我：「年齡大！」

▪愛狗者問：「你知道狗為什麼從馬桶裡喝水嗎？」

我說：「不知道。」

他說：「因為馬桶裡的水很涼。」

我問：「你怎麼知道的？」

■ 早上出門前，我媽對我說：「你這麼像你爸，將來怎麼娶得到老婆，運氣這個東西是不遺傳的。」

■ 我弟上學的第一天，我媽在幼兒園門口對他說：「好好發揮你的專長，這是地球上唯一靠好好吃飯就能得獎的地方。」

■ 全家出遊拍照時，我說我不想拍，我媽回我：「你現在不願意拍照，長大後怎麼證明你好看過？」

■ 我媽說：「上學做體操時不要糊弄，轉體運動時就能看見喜歡的人。」

■ 親戚都在催婚，你就說：「過完年就結婚，請先給紅包吧。」

■ 家庭聚會上要你表演個節目，你就說：「沒問題，我來表演一段退、堂、鼓吧。」

■ 春節出遊被騙了，你就說：「算了，就當給晚輩壓歲錢吧。」

- 別人說過年沒有年味，你就說：「你聞聞這個韭菜餡餃子。」
- 好久不見的親戚說你有雙下巴，你就說：「這叫好事成雙！」
- 我是移民，我過去常常開著一輛二手車，保險桿上貼滿了撕不掉的標籤，其中一個寫道：「如果你不會講英語，滾回家吧！」而且我開了兩年都不知道。
- 大學畢業後，我決定留在美國，因為有一件事我在中國肯定不如在美國能做得更好——成為一名外來民族。
- 我非常努力的想成為美國公民，所以我不得不去修一些關於美國歷史的課程。他們會問我：「知道誰是班傑明．富蘭克林嗎？」我只能：「啊？難道這就是便利商店被搶的原因？（按：美國百元美鈔上印的人就是班傑明．富蘭克林）」；「第二修正案是什麼？」我只能：「啊？難道這就是便利商店被搶的原因？（按：美國憲法第二修正案允許合法擁有槍枝）」

■去年我剛剛有了自己的第一個孩子，我很為之感慨，你可以想像。我在產房，抱著我的兒子，同時想到我自己，天啊，他才剛出生，就是美國公民了。於是我問他：「小子，你知道誰是班傑明．富蘭克林嗎？」

■現在我車上貼了「車內有嬰兒」的標語，這個標語從根本上講算是一種威嚇。意思是，我有一個哭鬧的嬰兒和一個嘮叨的老婆，我再也不怕死了。

■我來自中國，所以我很懂城牆，它們沒用。幾世紀後，它們只會變成觀光景點。

■金妍對黃西說：「有人向我表白，我不知該如何拒絕。你說，我要不要試著和他交往一下？」

黃西：「妳問他，我哪裡好？你告訴我，我一定改！」

金妍：「我問你，我哪裡好？你告訴我，我一定改。」

（按：金妍當時為黃西暗戀的對象，現為他的老婆）

Think 297

做個說話有梗的人

超過55個對話梗，只要照套運用，電梯簡報、打動異性、求職面談、社交應酬，讓「說得好」改變你一生

（原版書名：有梗）

作　　者／黃西（Joe Wong）
責任編輯／楊明玉
副 主 編／蕭麗娟
副總編輯／顏惠君
總 編 輯／吳依瑋
發 行 人／徐仲秋
會 計 部｜主辦會計／許鳳雪、助理／李秀娟
版 權 部｜經理／郝麗珍、主任／劉宗德
行銷業務部｜業務經理／留婉茹、
專員／馬絮盈、助理／連玉
行銷企劃／黃于晴、美術設計／林祐豐
行銷、業務與網路書店總監／林裕安
總 經 理／陳絜吾

國家圖書館出版品預行編目（CIP）資料

做個說話有梗的人：超過55個對話梗，只要照套運用，電梯簡報、打動異性、求職面談、社交應酬，讓「說得好」改變你一生／黃西（Joe Wong）著；
--二版-- 臺北市：大是文化, 2025.07
224面；14.8 × 21公分. --（Think；297）

ISBN 978-626-7648-71-1（平裝）

1. CST：說話藝術　2. CST：幽默

192.32　　114005737

出 版 者／大是文化有限公司
臺北市 100 衡陽路 7 號 8 樓
編輯部電話：（02）23757911
購書相關資訊請洽：（02）23757911 分機 122
24 小時讀者服務傳真：（02）23756999
讀者服務 E-mail：dscsms28@gmail.com
郵政劃撥帳號：19983366　戶名：大是文化有限公司

香港發行／豐達出版發行有限公司 Rich Publishing & Distribution Ltd
地址：香港柴灣永泰道 70 號柴灣工業城第 2 期 1805 室
Unit 1805,Ph .2,Chai Wan Ind City,70 Wing Tai Rd,Chai Wan,Hong Kong
Tel：2172-6513　Fax：2172-4355
E-mail：cary@subseasy.com.hk

封面設計／初雨有限公司
內頁排版設計／ Judy
印　　刷／鴻霖印刷傳媒股份有限公司
出版日期／ 2025 年 7 月二版
定　　價／新臺幣 390 元（缺頁或裝訂錯誤的書，請寄回更換）
ISBN ／ 978-626-7648-71-1
電子書 ISBN ／ 9786267648704（PDF）
9786267648698（EPUB）